Besser Reiten

Wo ist das Problem?

Sitz

Einwirkung

Losgelassenheit

Springen

FNverlag
der Deutschen
Reiterlichen Vereinigung GmbH
Warendorf

Impressum

Bibliografische Information
der Deutschen Bibliothek
Die Deutsche Bibliothek verzeichnet diese Publikation in der Deutschen Nationalbibliografie; detaillierte bibliografische Daten sind im Internet über http://dnb.ddb.de abrufbar.

Gestaltung: designPunkt, Heidrun Monkenbusch, Rheda-Wiedenbrück

Bildnachweis: siehe S.143

Lektorat: Dr. Carla Mattis, **FN***verlag*, Warendorf

Korrektorat: Korrekturbüro W. u. G. Kirchhoff, Büren-Brenken

Druck und Verarbeitung: Media-Print Informationstechnologie, Paderborn

ISBN 3-88542-476-2

Inhalt

Gefühlvolles Reiten ist Kommunikation: mit dem Pferd, mit dem persönlichen Empfinden, mit dem Ausbilder. Haben Sie andere Erfahrungen und Antworten? Haben Sie weitere Fragen oder Probleme?

Mailen Sie an: ausbildung@fn-dokr.de

Die Inhalte werden gesammelt, um sie für eine eventuelle Neuauflage oder Fortsetzung des Buches zu verwenden.

Vorwort

der Autoren

Dies ist keine neue Reitlehre, sondern das Buch zur Serie „Besser reiten". Die Seminarreihe „Besser reiten" hat die Deutsche Reiterliche Vereinigung im Jahr ihres hundertjährigen Bestehens als Ausbildungsoffensive gestartet. Mehr als 10.000 Besucher kamen zu den Veranstaltungen in allen Teilen Deutschlands, in denen in Theorie und Praxis gezeigt wurde, was zum guten Reiten gehört.

Die Reitlehre ist in ihrer klassischen Ausprägung richtig. Sie lehrt das, was Reiter und Pferd beherrschen müssen, um eine harmonische Zusammenarbeit zu erreichen. Dabei ist es unerheblich, ob leistungs- oder breitensportlich orientiert geritten wird. Auch die Reitweise spielt erst in zweiter Linie eine Rolle.

Bei der Rundreise in die einzelnen Bundesländer zu den Seminaren von „Besser reiten" ist deutlich geworden, dass dem gefühlsorientierten Reiten in der Ausbildung ein besonderer Stellenwert beigemessen werden muss. Ausbilder und Reiter haben zum großen Teil ein richtiges Verständnis von dem, worauf es formal beim Reiten ankommt. Weniger Verständnis bringen viele jedoch in Bezug auf die richtige Dosierung der verschiedenen reiterlichen Hilfen mit.

Deshalb soll dieses Buch helfen, dem gefühlsbetonten Reiten mehr Raum zu geben. Zahlreiche Bücher, auch die „Richtlinien für Reiten und Fahren" mit ihren vielen hilfreichen Informationen, schildern den Idealzustand. Aber auf diesem Weg gibt es Hindernisse, Missverständnisse und falsche Erwartungen.

Es ist wichtig, vermehrt die Körpersprache des Pferdes zu beobachten. Denn sie zeigt Reitern und Ausbildern, ob das Pferd Freude an seinem Tun hat. Vielfach wird gegen und zu wenig mit dem Pferd gearbeitet. Dies erfolgt häufig unbewusst. Dem Reiter ist nicht klar, dass er dabei seinem Pferd Schaden zufügen kann.

Der Gesichtsausdruck des Reiters lässt Rückschlüsse zu, ob der Reiter sich wohl fühlt. Das Wohlfühlen von Reiter und Pferd während ihrer gemeinsamen Tätigkeit ist die erste Stufe für eine harmonische Zusammenarbeit, die wir alle anstreben sollten.

Grundlage des Buches sind Fragen, die auf den Seminaren der FN-Reihe „Besser reiten" landesweit gestellt wurden, und Fragen, die in der Leserbrief-Redaktion der Zeitschrift „ST. GEORG" eingegangen sind. Es gibt bekanntlich keine unzu-

lässigen Fragen, allenfalls unzureichende Antworten. Dieses Buch ist kein „Großes Kochbuch“, sondern eher eine Rezeptsammlung sowohl für den Breitensportler, als auch für den Turnierambitionierten. Unsere Antworten stammen aus der Praxis und sind bestimmt für diese. Es gibt sicherlich auch andere Lösungswege. Aus der Ferne kann man nur Grundlinien aufzeigen – so wie es beim Reiten niemals Patentrezepte gibt. Das Buch soll allerdings weiteren Lesehunger wecken und Appetit machen auf mehr Lektüre und mehr Wissen. Es lädt zunächst ein zum Schmökern „häppchenweise“, aber es ist auch als Ganzes zu lesen. Das Buch gibt Anregungen für den Unterricht und animiert zum Weiterlesen oder zum Schauen des Videos „Besser reiten“ und der FN-Lehrfilmreihe.

Dieses Buch ist auch ein flammendes Plädoyer für eine Investition in Ausbildung. Ohne Reitlehrer geht es nicht. Auch Spitzenreiter kommen nicht ohne ein paar Augen von unten aus. Anstatt möglichst bald in ein eigenes Pferd zu investieren und dann womöglich in eine Sackgasse zu reiten, sollte man besser länger Stunden in einem guten Ausbildungsbetrieb nehmen und dort so viele verschiedene Pferde wie möglich reiten. Ist die Entscheidung für ein eigenes Pferd dann gefallen, hilft ein guter und geduldiger Ausbilder auf dem Weg zum Besser reiten weiter. Einen solchen Ausbilder zu finden, kann Zeit und Ausdauer kosten; denn hier kommen drei Lebewesen zusammen, die miteinander harmonieren müssen.

Nicht zuletzt ist dieses Buch auch ein Aufruf zur Geduld. „Genuss sofort“ – diesen Anspruch darf man allenfalls an eine Tasse schnell löslichen Kaffees stellen, aber keinesfalls an sich und sein Pferd. Der Weg ist das Ziel, und in der Ruhe liegt die Kraft. Zwei Allgemeinsätze, die im täglichen Leben mit dem Pferd immer wieder bestätigt werden. Sich Zeit nehmen in der Grundausbildung und nicht den zweiten Schritt vor dem ersten gehen. Das führt zu dem Ziel, das jeder ernsthafte Reiter vor Augen hat: besser reiten.

Christoph Hess und Petra Schlemm

Harmonie in der Balance

Acht Schritte

Mit der Skala der Ausbildung zum Ziel „Besser reiten"

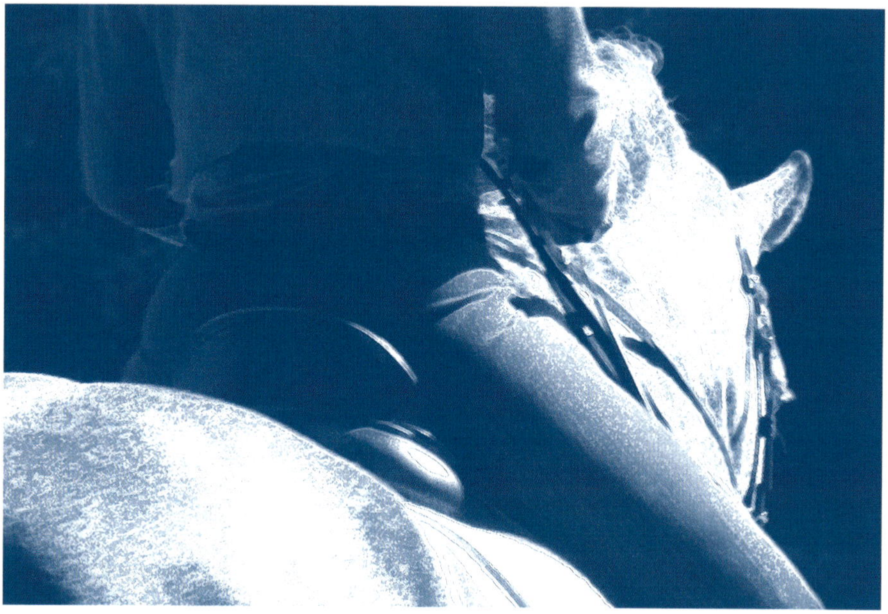

1. Im Gleichgewicht sitzen
Das ist Grundvoraussetzung für gefühlvolle Zügelführung und Hilfengebung und damit angewandter Tierschutz in jeder Disziplin des Reitsports.

2. Innere und äußere Losgelassenheit schaffen – bei Pferd und Reiter
Nur mit einem bestmöglich schwingenden Pferderücken, ohne Störung des Atemrhythmus und in Vertrauen zu seinem Reiter kann sich das Pferd körperlich und seelisch loslassen. Erst dann kommt der Reiter „zum Sitzen" und kann seine Hilfen besser aufeinander abstimmen.

3. Von hinten nach vorn reiten
Ein „gut gerittenes" Pferd „zieht" an die Reiterhand heran – es wird nicht vorne festgehalten. Bei gefühlvoll vorwärts treibenden Impulsen wird das Pferd das „Gebiss suchen".

4. Harmonische Übergänge anstreben
Dazu gehört aktives Treiben nach vorn und gefühlvolles Annehmen und Nachgeben. Das ist ein wichtiger Schlüssel zum Erreichen der Losgelassenheit.

5. Das Pferd an die Hilfen bringen
Wird das Pferd von hinten nach vorn ins Gleichgewicht geritten, dann hat

der Reiter das Gefühl, sein Pferd „vor sich und an den treibenden Hilfen" zu haben.

6. Weiche und stetige Anlehnung schaffen

Die elastische, vertrauensvolle Verbindung zwischen Reiterhand und Pferdemaul ist die Gewähr dafür, dass der Reiter bei seinem Pferd die Dynamik aus der Hinterhand über den schwingenden Rücken bis in seine Hand spürt. Treibende Hilfen sind dazu wichtiger als verhaltende.

7. Gymnastizieren und gerade richten

Reiten auf gebogenen Linien und häufiger Handwechsel führen zum Ziel. Dabei gibt der Reiter dem Pferd diagonal einsetzende Hilfen, d.h., er treibt mit dem inneren Schenkel an den äußeren Zügel. So werden Stellung und Biegung erarbeitet und der innere Zügel wird leicht und gibt nach.

8. Zügel-aus-der-Hand-kauen-Lassen und Überstreichen

Das Zügel-aus-der-Hand-kauen-Lassen gibt dem Pferd in der lösenden Arbeit die Möglichkeit, über die Dehnungshaltung den Rücken aufzuwölben und überprüft die Losgelassenheit und das Vertrauen zur Reiterhand. Häufiges „Zügel-Überstreichen" kontrolliert die Selbsthaltung des Pferdes und das Gleichgewicht von Reiter und Pferd.

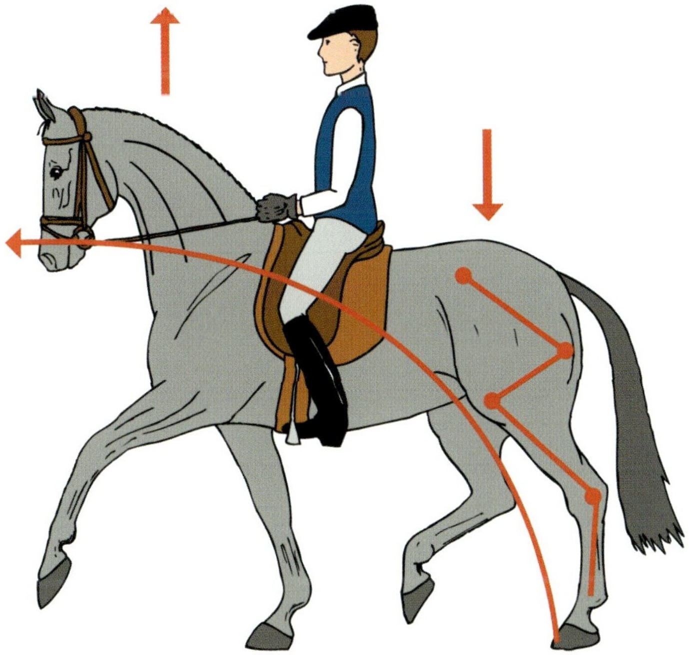

Das Ideal als Ergebnis einer perfekten Ausbildung

Deutsche Reiterliche Vereinigung
DVD und VHS Besser Reiten

Folgen Sie in diesem Video (wahlweise VHS oder DVD) den verschiedenen Lehrdemonstrationen und Kommentaren und erleben Sie solide Basisarbeit und korrekte Grundausbildung von Reiter und Pferd. Abgerundet und ergänzt werden die Lehrdemonstrationen mit Sequenzen aus den Videos der erfolgreichen FN-Lehrfilmreihe zum Thema „Sitz des Reiters" und der „Skala der Ausbildung".

Besser Reiten
Herausgeber: Deutsche Reiterliche Vereinigung e.V.

FN*verlag*, Warendorf 2005

40 Minuten

VHS-Kassette
ISBN 3-88542-841-5
€ (D) 18,00 /
€ (A) 18,50*m /CHF 33,50

DVD
ISBN 3-88542-842-3
€ (D) 15,00 /
€ (A) 15,60* / CHF 28,30

**unverbindliche Preisempfehlung*

Erhältlich im Buchhandel und in Reitsportfachgeschäften sowie über www.fnverlag.de!

I. Harmonie in Balance

Grundverständnis für besseres Reiten – Partnerschaft – Verantwortung

Zwei Meter überfliegen, in Piaffe und Passage schweben, im Rennpass dahinsausen, in einen fulminanten Sliding Stop hineingleiten, Courbetten springen, 160 Kilometer in perfekter Entlastung überstehen – oder einfach gemütlich mit seinem Partner Pferd in der Abendsonne bummeln und die Seele baumeln lassen. Was immer das persönliche Ziel eines Reiters auch sein mag, es lässt sich nur über Harmonie in Balance erreichen. Harmonie in Balance ist der gemeinsame Nenner, auf den sich jede Reitweise bringen lässt. Aus diesem Grundverständnis für das Reiten erwächst Partnerschaft mit dem Pferd, und Partnerschaft kann nicht gedeihen ohne Verantwortung für das uns anvertraute Lebewesen.

Ein Dressurpferd, das nicht Piaffe und Passage lernen kann, ist immer noch ein Pferd. Ein Gangpferd ohne Veranlagung zum Tölt ist immer noch ein Pferd. Ein Westernpferd ohne Cow Sense kann immer noch in vielen anderen Disziplinen brillieren. Cutting ist nicht alles. Aber ein Pferd ist ein Pferd und es fordert eine seiner Natur gemäße Haltung und Annäherung des Reiters.

Harmonie in Balance – wie erreicht man sie? Die bundesweiten Seminare der Deutschen Reiterlichen Vereinigung (FN) zum Thema „Besser reiten" haben Schlüsselqualifikationen aufgezeigt, die jeder Reiter beherrschen muss, unabhängig von der bevorzugten Reitweise, von seinem Alter, seiner reiterlichen Begabung, der Qualität seines Pferdes und der reiterlichen Motivation. Balance und gefühlvolles Einwirken im Sattel haben dabei entscheidende Bedeutung. Die Pferde sind heute oft mit hervorragenden Bewegungen ausgestattet. Aber die Ausbildung der Reiter hat nicht immer Schritt gehalten mit der Qualitätssteigerung der Pferde. So sind die Reiter oftmals nicht in der Lage, sich auf diesen Bewegungswundern wirklich auszubalancieren. Ein Tag am Schreibtisch ist zudem nur ungenügende Vorbereitung auf Höchstleistungen in Sachen Gleichgewicht und Elastizität, wie sie der Reitsport fordert. Vor allem im Trab und Galopp müssen sich viele Reiter tatsächlich „am Zügel festhalten". Doch die Mentalität des Pferdes hat sich nicht verändert. Es ist in seinem Wesen „Pferd" geblieben und weiter ein Fluchttier, das versucht, sich negativen Einflüssen durch Weglaufen zu entziehen. Deshalb muss jeder Reiter danach trachten, zum „Loslassen" des Zügels zu kommen (d.h. nicht wegwerfen, sondern nachgeben) und sein Pferd nach vorne gehen zu lassen. Pferde haben ein großes Bewegungsbedürfnis, dem man auch Raum geben muss. Wer das zulässt, tut seinem Pferd etwas Gutes.

Unsere klassische Turnierreiterei geht wie die barocke Reitweise zurück auf den französischen Reitmeister des Barock, de la Guérinière (1688–1751). Anforderungen an das Pferd sind schriftlich formuliert und gipfeln in der Skala der Ausbildung, die die Deutsche Reiterliche Vereinigung aus Vorlagen der Militärreiterei entwickelt hat. Diese Skala umfasst sechs Stufen: Takt, Losgelassenheit, Anlehnung, Schwung, Geraderichtung und Versammlung. Die Western- und die Gangreiterei sind dagegen eher praxisorientiert und zweckgebunden. Ihre Ausformung lebt weit mehr von den persönlichen Ansichten und Erfahrungen der jeweiligen Ausbilder und variiert je nach Disziplin, in denen das Pferd eingesetzt ist. Aber ohne einzelne Bestandteile dieser Ausbildungsskala kommen auch sie nicht aus. Takt und Losgelassenheit, verstanden als ein Nicht-Verspannen/-Verkrampfen, sind sämtlichen Reitweisen gemeinsam und die Basis für weiteren Erfolg.

Reiten ist ein Sport, der ein hohes Maß an Einfühlungsvermögen erfordert. „Dieses Einfühlungsvermögen müssen wir in Zukunft stärker berücksichtigen und müssen dieser Komponente in der Didaktik der Unterrichtserteilung ein viel höheres Gewicht geben", heißt es in der Ausbildungsabteilung der FN. Losgelassen und korrekt auf dem Pferd zu sitzen ist der erste Schritt. Aber dann wird es oft schwer, den Sitz mit dem reiterlichen Einwirken zu verbinden. Erforderlich dafür ist der Einsatz des richtigen Gefühls, d.h. der dosierte Einsatz der verschiedenen reiterlichen Hilfen. Das muss gelernt werden, und das erfordert viel Zeit. Manchmal reicht hierfür ein Menschenleben nicht aus.

Der Reiter muss in sein Pferd hineinhorchen. Das ist ein höheres Ausbildungsziel als das Reiten spezifischer Lektionen und vorgegebener turnierorientierter Übungen. Lektionen kann man auch an einem Simulator trainieren. Das reiterliche Gefühl schulen nur ein gut gerittenes Pferd und ein Ausbilder.

Fühlen allein reicht jedoch nicht. Ingrid Klimke, zweifache Olympiareiterin und Bronzemedaillengewinnerin bei der Europameisterschaft 2005 in der Vielseitigkeit, bringt es auf den Punkt. „Denken lernen", fordert die Tochter aus gutem reiterlichen Hause. „Die theoretische Vorbereitung auf meine Meisterprüfung hat mich weitergebracht", findet die Pferdewirtschaftsmeisterin, die zuvor schon eine Lehre als Bankkauffrau und ein Studium für das Lehramt absolviert hat – und der Lesen also schon vorher kein Fremdwort gewesen ist. Nur wer die theoretischen Zusammenhänge kennt, der weiß, auf was er hinarbeitet, und erkennt das Richtige, wenn er es dann fühlt. Und wenn er es gefühlt hat – und sei es auch noch so kurz – dann vermittelt dieser Moment ein lange anhaltendes Glücksgefühl.

Ingrid Klimke und ihr langjähriger Ausbilder Paul Stecken

Lernen und Ausbildung sind kein Selbstzweck. Sie sind Mittel zum Zweck, damit der Reiter sagen kann: „Ich habe Freude an meinem Sport. Ich kann im Gelände gefahrlos reiten und es in vollen Zügen genießen, denn ich habe mein Pferd unter Kontrolle." Lernen und Ausbildung sind auch eine Forderung des Tierschutzes. Dr. Juliette Mallison, Präsidentin des Vereins Distanzreiter Deutschlands (VDD) und FEI-Tierärztin, begründet die Forderung nach angemessener Gymnastizierung aus veterinärmedizinischer Sicht. „Wer sein Pferd dauernd mit Hirschhals und weggedrücktem Senkrücken gehen lässt, der ist nicht mehr weit von der Diagnose ‚Kissing Spines' entfernt."

Dr. Juilette Mallison in Saudiarabien

„Alle guten Ausbilder der barocken Reitweise schulen nach den Anforderungen der Skala der Ausbildung", betont Richard Hinrichs, Präsident des Bundesverbandes der klassisch-barocken Reiterei Deutschland e.V. „Das klassische Ausbildungssystem ist perfekt", betont der Autor des Buches Christoph Hess, in seiner Funktion als Ausbildungsleiter der FN. Das Fundament jeder erfolgreichen Dressurausbildung sind für ihn die ersten drei Stufen Takt, Losgelassenheit und Anlehnung. „Habe ich diese im Griff, werden mir die weiteren drei Elemente förmlich als Geschenk auf dem Silbertablett präsentiert." Takt, Losgelassenheit, Anlehnung sind das Rezept für besseres Reiten – und sie dürfen sogar in einem übertragenen Sinn als Rezept für ein glücklicheres Leben gelten: taktvoll miteinander umgehen, loslassen und nicht klammern, Anlehnung verstehen als Halt suchen und geben.

Richard Hinrichs

Es gibt mehr Unterschiede zwischen den einzelnen Reitweisen als an Sattelzeug, Kleidung und Sitz des Reiters auf den ersten Blick zu erkennen sind. Der Anspruch „besser reiten" ist jedoch allen gleich und er erfüllt sich über mehr Erziehung für den Reiter und Ausbildung für sein Pferd. Seitengänge, Tempounterschiede sind überall der Weg zu einer verbesserten Durchlässigkeit und leichterer Hilfengebung.

In der Westernreiterei mit spritzigen Tempounterschieden ist Harmonie in Balance eine unabdingbare Voraussetzung. „Ohne Gleichgewicht kommt es bei unseren schnellen Tempowechseln zu heftigen Irritationen", betont Peter Kreinberg, der seit zwanzig Jahren Freizeitreiter mit Tendenz Western schult. „Ich fühle mich nicht als Westernreiter, sondern als jemand, der gutes Reiten lehren will", sagt er von sich selbst. Westernpferde werden je nach Turnierdisziplin völlig unterschiedlich gearbeitet. Generell ist das Ideal des Arbeitens am losen Zügel in den Turnierprüfungen ein wichtiges Ausbildungsziel. Beim Cutting wird jede Form von Zügeleinwirkung in der Arbeitsphase am Rind sogar mit Fehlerpunkten bestraft. Das Ideal ist ein nur leicht einsitzender Reiter, der mit wenig Kreuz und passivem Schenkel sein Pferd am durchhängenden Zügel beherrscht. Kreinberg sieht deutliche Parallelen zwischen der Gebrauchsreiterei, wie sie die Kavallerie lehrte, und dem traditionellen Westernreiten.

Peter Kreinberg

Harmonie in Balance – ohne Takt und Losgelassenheit und damit Rhythmus zeigt kein Gangpferd die begehrten zusätzlichen Bewegungsmuster. „Im Tölt und im Rennpass ist der Takt viel anfälliger als in Schritt, Trab und Galopp", erklärt

Walter Feldmann jun., dessen Name eng mit Isländern und der von seiner Familie neu gezüchteten Gangpferde-Rasse des Aegidienbergers (aus peruanischem Paso und Isländer) verbunden ist. Ein gutes Gangpferd muss man eher halten als treiben, aber jedes Top-Pferd soll mit leichter Hand gehen. Der Gangreiter, der besser reiten will, unterstützt die Balance des Pferdes mit Sitz und Hand.

Walter Feldmann

Die klassische barocke Reitweise nennt als höchste Ziele Gleichgewicht, Versammlung und Leichtigkeit – nicht machbar ohne Harmonie in Balance. „Das Gleichgewicht ist durch Versammlung stärker bestimmbar, aber auch stärker störbar", betont Richard Hinrichs. Was der Schüler von Ausbildern der Spanischen Hofreitschule damit meint, wird an einem Beispiel deutlich. „In der Piaffe nähern sich die Füße des Pferdes einander an. Dadurch konzentriert sich das Gleichgewicht des Pferdes über einer kleinen Unterstützungsfläche. Sitzfehler des Reiters oder Verspannungen beim Pferd wirken sich hier sofort merklich aus und führen zu Fehlreaktionen." Die barocke Reitweise will ähnlich wie die Turnierreiterei der FN ein Pferd, das seine natürliche Schönheit voll zur Geltung bringt. Die barocke Reitweise verlangt allerdings weniger raumgreifende Bewegungen, als sie im Turniersport erwartet werden, und setzt spezielle Akzente durch die „Schulen über der Erde". Viele dieser Hebungen der Vorhand und Sprünge sind schwierig und können für untalentierte Pferde ein hohes gesundheitliches Risiko bedeuten. Es ist die besondere Verantwortung des Reiters und Ausbilders, die Grenzen des Pferdes zu erkennen und nichts zu verlangen, was das Pferd nicht leisten kann. „Ballotade oder Croupade können auch schön aussehen, wenn die Kapriole nicht gelingt", umschreibt der Jurist Richard Hinrichs den „barocken Konsens über die Idealvorstellung bei dauerndem Lavieren mit Unzulänglichkeiten."

Es hat sich bereits viel getan im Bereich Ausbildung. Das lässt sich auch im Distanzreiten ablesen. War hier bis vor kurzem der Begriff Dressur noch geradezu verpönt, so hat sich inzwischen die Erkenntnis durchgesetzt, dass nur ein gut gymnastiziertes Pferd genug Energie besitzt, um die Belastungen eines Rittes über 160 Kilometer zu bestehen. Ein gutes Distanzpferd, so Dr. Juliette Mallison, geht stets taktmäßig und in der Arbeit, leider nicht immer im Wettkampf, losgelassen über den Rücken, in leichter Anlehnung. Es beherrscht Übergänge innerhalb und zwischen den Gangarten, sein Reiter weiß die richtigen Hilfen zu geben für die drei Gangarten, Rückwärtsrichten und Wendun-

gen auf der Vor- und der Hinterhand. Noch Fragen? Die könnte vielleicht Sian Griffiths beantworten. Die Ausbilderin lebt von Dressurunterricht speziell für Distanzreiter. „Das wäre hier vor ein paar Jahren noch völlig undenkbar gewesen, eine ganz brotlose Kunst," beschreibt Juliette Mallison den Fortschritt in der deutschen Denkweise. Sie selbst ist in einem britischen Ponyclub großgeworden, „wo wir Reiten gelernt haben ohne Gefahr für uns selbst, für unser Pferd und für andere Verkehrsteilnehmer. Nicht für hohe Noten auf dem Dressurviereck, sondern um Reiter und Pferd zu schonen."

Besser reiten – aber wie? Was gehört noch dazu neben dem Gefühl und der Technik? Ingrid Klimke gibt ihre Definition so: Besser reiten ist ein blindes Verständnis zwischen Reiter und seinem Pferd, und zwar so, dass der Reiter schon fünf Sekunden vorher weiß, wie sein Pferd reagieren wird. „Dann kann man Fehler vermeiden und muss sie gar nicht erst korrigieren." Die Tochter des erfolgreichsten Dressurreiters aller Zeiten betont: „Spätestens beim zweiten Fehler muss der Reiter eine neue Antwort geben, nicht wieder und wieder in den gleichen Fehler hineinreiten und hoffen, dass das Pferd irgendwann begreift, was es soll." Selbstzufriedenheit ist schädlich. Ingrid Klimke hat dann oft die Stimme ihres verstorbenen Vaters im Ohr. „Auf Stil achten!", hat der immer gesagt. Von Selbstzufriedenheit ist die große Stilistin weit entfernt. „Ich bin nie zufrieden mit mir." Und sie entdecke auch immer etwas, was noch optimierbar sei. Sei es auf der kleinen Kamera, mit der sie jedes Geländetraining filmen lässt und die Aufnahmen schon bei der Heimfahrt im Transporter auswertet. Oder dabei helfen ihr ihre Reitlehrer, auf die sie in allen drei Disziplinen nach wie vor nicht verzichten will. Zum Aufgabereiten kommt Paul Stecken. Der ehemalige Leiter der Westfälischen Reit- und Fahrschule in Münster sei „ausgesprochen penibel, und ohne das geht es nicht." Diese Sorgfalt bis ins kleinste Detail hat im Hause Klimke Tradition. „An einem turnierfreien Sonntag war schon bei meinem Vater immer ab neun Uhr Aufgabe-Reiten angesetzt." Wie viel Schenkeldruck und wann die Paraden ansetzen müssen, damit das Pferd wirklich an einem vorbestimmten Punkt steht, das kann man lernen. „Aber man braucht Fleiß, Geduld und Wollen".

Diese Charaktereigenschaften personifiziert auch Hans Günter Winkler. Sein besonderes Einfühlungsvermögen und geduldige entschlossene Beharrlichkeit machten ihn zu einem nationalen Idol. Kurz vor seinem 80. Geburtstag ist der erfolgreichste Springreiter aller Zei-

Hans Günter Winkler mit Halla beim Derbysieg in Hamburg 1955

ten eine Legende, und das schon seit seinem atemberaubenden Siegesritt in Stockholm 1956, als die Traberstute Halla ihren Beinamen wechselte. Aus der „irren Ziege" wurde „die Wunderstute", weil sie ihren im ersten Umlauf verletzten und vor Schmerzen fast besinnungslosen Reiter nahezu ohne jede Unterstützung, ohne Fehler über den zweiten Umlauf trug. Der fehlerfreie Ritt machte Winkler zum Olympiasieger und bescherte der Mannschaft ebenfalls Gold. „Es hat zwei Jahre gedauert, bis Halla von L-Niveau zu einem wirklichen Springpferd wurde", erinnert sich Winkler heute an die hoch im Blut stehende Tochter des Trabervaters Oberst, an der schon andere Reiter vor ihm gescheitert waren. Winkler war kein Anfänger, als er mit Halla zusammentraf. Er war Sohn eines Reitlehrers, „aber mit ganz normalen Pferden, und diese besonderen Pferde wie Halla oder später auch der Holsteiner Orient, die wussten anfangs einfach nicht, was ich von ihnen wollte. Wir mussten uns miteinander verständigen." Pferdeflüsterer sind keine Erscheinung der Neuzeit. „Was habe ich der Halla nicht alles ins Ohr geflüstert, ganze Liebesromane habe ich der erzählt." Die deutsche Reitlehre wurde Halla dagegen nicht oft zitiert. „Das konnte man alles vergessen bei ihr. Ich durfte niemals zu viel mit der Hand einwirken. Klar – Druck auf dem Gebiss macht jedes Pferd schneller. Aber wenn ich versucht habe, sie von hinten an die Hand zu treiben, dann ging sie nicht durchs Genick und ließ sich halten, sondern sie war weg." Zwei lange Jahre durch saure Zeiten – nicht nur, weil Winkler im Nachkriegsdeutschland kein anderes Pferd hatte und unbedingt als Reiter an die Spitze wollte. „Später hätte ich es immer wieder so gemacht. Wenn ich von etwas überzeugt bin, dann lasse ich mich davon nur sehr

schwer wieder abbringen." Diese Geduld, diese Beharrlichkeit, diese unbeirrbare Entschlossenheit – sie hat in Stockholm, als es darauf ankam, zu einem der schönsten Beispiele für bedingungsloses Vertrauen und Partnerschaft zwischen Mensch und Pferd geführt. Die „Wunderstute Halla" hat dafür ihr Denkmal vor dem Olympiade-Komitee für Reiterei in Warendorf bekommen. Und Hans Günter Winkler gibt gerne die Lektion weiter, die er von ihr und später auch von anderen komplizierten Pferden gelernt hat: „Jede Reitweise ist ein Kompromiss. Gegen das Pferd hat der Reiter keine Chance."

Fazit: Harmonie in Balance ist das Ziel, und beim Reiten kann man nie auslernen. Aber man kann lernen, besser zu reiten. Das ist Warnung und Ansporn zugleich.

II. Gas und Bremse?

Gas und Bremse – zwei Reizworte in Reiterkreisen. Keine anderen Begriffe haben schon im Lektorat für dieses Buch mehr Diskussionen ausgelöst.

In unserer technisierten Welt weiß jeder, selbst wenn er gar keinen Führerschein hat, was diese beiden Begriffe bedeuten: Ein Auto fährt durch Gasgeben schneller und durch Bremsen wird es langsamer.

Auch ein Pferd wird mehr oder weniger vorwärts geritten, oft genug auch – leider! – durch eine „Handbremse" gestoppt. Zur Vermittlung des Bildes für eine Bewegungsvorstellung dürften die aus der Technik entlehnten Begriffe „Gas" und „Bremse" deshalb zulässig sein.

Hier endet allerdings die Parallelität – als ob das noch eigens betont werden müsste! Ein Pferd hat kein Gaspedal und erst recht keine Bremse. Wie übersichtlich ist doch das Cockpit eines Autos angeordnet: Das Gaspedal dient der Beschleunigung, Fuß- oder Handbremse bewirken Langsamerfahren und schließlich Halten. Wie verwirrend dagegen die Funktionszusammenhänge beim Reiten. Der Schenkel gibt nicht nur vorwärts treibende Impulse, sondern auch seitwärts weisende. Die Gewichtshilfe wirkt vorwärts, seitwärts oder auch verhaltend. Manche Pferde nehmen als vorwärts treibende Impulse besser den Schenkel an als die Gewichtshilfe. Bei anderen ist es umgekehrt. Der Zügel wirkt annehmend und nachgebend. Auch die Stimme kann als Hilfsmittel, also treibend oder beruhigend eingesetzt werden. Generell gilt, dass die Reiterhilfen immer zusammen gegeben und aufeinander abgestimmt werden müssen. Dann kommt es auf die richtige Dosierung an. Reiten ist keine mechanische Angelegenheit, sondern erfolgt „mit Verstand und Gefühl". Keine neue Erkenntnis – auch ein sehr empfehlenswertes Buch mit diesem Titel gibt es bereits im **FN***verlag*.

Was heute bei diesem Pferd „funktioniert", kann morgen bei einem anderen schon wieder ganz anders wirken. Ein Pferd ist eben keine Maschine, sondern ein Lebewesen. Und genau deshalb brauchen wir gute Ausbilder, ein ganzes Reiterleben lang – anders als die Autofahrer, die ihren Fahrlehrer nach der Führerscheinprüfung nie mehr wiedersehen.

Reiten ist eine komplexe Angelegenheit. Deshalb ist es nicht möglich, Fragen kurz zu beantworten und gleichzeitig allumfassend und auf jeden möglichen Nebenaspekt einzugehen. Manche Probleme sind auch miteinander verzahnt, und man kann dem einen nicht beikommen, ohne das andere zu lösen. So ergeben manchmal erst mehrere Antworten das komplette Bild. Deshalb empfiehlt es sich, auch ähnliche Fragen nachzuschlagen oder besser noch das ganze Buch zu lesen. Wer das tut, findet bestimmt Anregung für weitergehende theoretische Bildung – zu faszinierend ist dieses Lebewesen und der Sport, dem unsere Liebe gehört. Wer sich auf „Besser reiten" beschränkt, hat einen guten Streifzug durch die Basisausbildung unternommen.

„Reite dein Pferd vorwärts und richte es gerade". Klingt wie ein alter Hut – aber die Praxis zeigt, dass viele Reiterprobleme auf eine Ursache zurückgehen. Es wird zu verhaltend geritten und mit zu viel Zügeleinwirkung. Zu wenig Gas und zu viel Bremse eben – aber das wollen wir doch jetzt nicht mehr sagen. Bewusstseinsveränderung fängt bei der Ausdrucksweise an.

III. Besser Sitzen

Besser sitzen – dafür gibt es keine mechanische Gebrauchsanweisung. Der bessere Sitz ergibt sich nicht aus einer naturwissenschaftlichen Formel, sondern aus dem Fühlen. Ohne Gefühl kein besseres, d.h. harmonisches Reiten. Das Gefühl hängt enger mit einem verbesserten Sitz zusammen, als viele ihrem Reitlehrer glauben möchten, der ihnen schon seit Jahr und Tag sagt: „Setz dich richtig hin."

Fühlen lernen, wie geht das? Bestimmt eher durch Ausprobieren als durch Lesen, aber es kann nicht schaden, sich theoretisch über einige Funktionszusammenhänge im Klaren zu sein, bevor man den Praxistest macht. Wie verläuft die Bewegung im Körper des Reiters? Wo geschieht was? Der Reiterkörper ist ein Ganzes, das aus vielen einzelnen Gelenken besteht, von denen jedes richtig arbeiten muss, damit das Ganze funktioniert. Das komplette Gefüge ist aber auch vom Pferd unter ihm abhängig, und das reagiert wiederum auf das, was ihm der Reiter von oben aus seinem Sitz signalisiert. Ein Teufelskreis, der Reitenlernen so schwierig macht. ***Ein Ausbruch aus diesem Kreis ist nur möglich mit einem geeigneten Lehrpferd und einem sachkundigen Ausbilder.*** Ein unsensibles Pferd schult nicht, und ein gutes Lehrpferd braucht sorgfältige „Pflege" durch den Ausbilder, der es nicht allein den Schülern überlässt, sondern regelmäßig selbst reitet. Denn auch das Pferd muss sich sein Gefühl erhalten.

Der Reiter lernt mit vielen Sinnen. ***Sehen*** kann das Gefühl leiten. Also: Vormachen lassen, wie's geht, und abgucken, wie es gute Reiter machen, sich selbst im Spiegel der Reithalle kontrollieren. Videos ansehen oder sich im Kopf das ideale Bild vorstellen und dann versuchen, sich über das Gefühl im Sattel an dieses Idealbild heranzutasten. Als Kontrasterfahrung hierzu hilft es, die Augen zu schließen und zu versuchen, ohne Ablenkung durch optische Reize mehr Konzentration auf die Bewegung zu erreichen. ***Hören***, was der Reitlehrer vermittelt, und ***erfühlen***, wie sich der Sattel unter den Gesäßknochen anfühlt und wohin sich das Gewicht in der Wendung verschiebt, wenn ich links oder rechts in der Hüfte einknicke. Fühlen kann man nur, wenn alle Sinne wach sind.

Besser sitzen ist mehr als „Absatz tief" und „Daumen dachförmig" – obwohl diese Anweisungen durchaus ihre Berechtigung haben. Besser sitzen ist in erster Linie Harmonie in Balance, mit sich selbst und seinem Pferd. Innere und äußere Losgelassenheit sind die Voraussetzungen für ein Fließen der Bewegung. Über Sitzschulungen an der Longe kann man die Balance verbessern. Nicht nur als Anfänger, sondern auch noch als fortgeschrittener Reiter. Auch der fortgeschrittene Reiter erkennt häufig, dass er Defizite in einem ganz bestimmten Bereich aufarbeiten muss oder er schlicht mal einen nicht so guten Tag erwischt hat, an dem z.B. die Hüfte nicht recht schwingen will.

Von der Grobform zur Feinform – das hat jeder schon einmal gehört. Wissen, wo z.B. der äußere Schenkel beim Angaloppieren zu liegen hat, ist eine Sache. Aber zu merken, wo in welchem Augenblick und mit wie viel Druck der äußere Schenkel bei diesem einen ganz bestimmten Pferd angelegt werden muss, dazu gehört Gefühl.

Viele Reitlehren konzentrieren sich nur auf das Pferd und sagen, wie es aussehen soll und was es lernen, können, zeigen soll. Das kann das Pferd aber nur, wenn ihm der Reiter die richtigen Impulse und

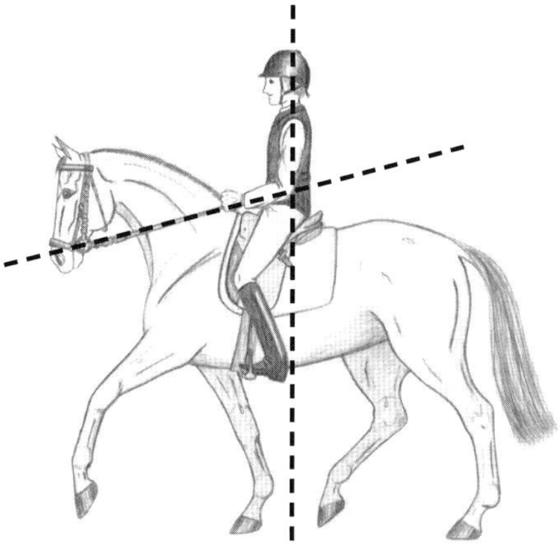

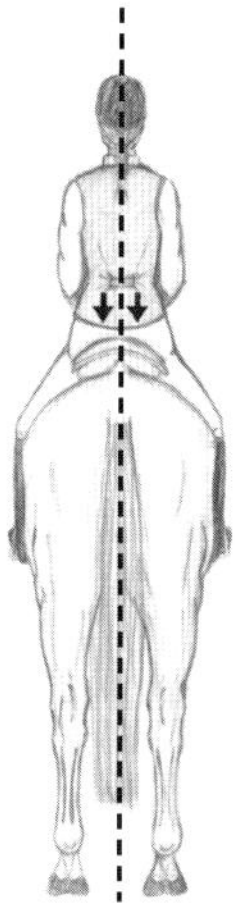

Der Dressursitz
Der Reiter sitzt aufrecht im Sattel, so dass ein über Schulter und Hüftgelenk gefälltes Lot auf das Fußgelenk trifft (kurz: Schulter, Hüfte, Absatz).
Unterarm – Zügel – Pferdemaul sollen auch immer eine gerade Linie bilden.

Signale vermittelt. Die Skala der Ausbildung mit ihren sechs Punkten (Takt, Losgelassenheit, Anlehnung, Schwung, Geraderichten, Versammlung) wird vielfach allein auf das Pferd bezogen. Aber auch dem Reiter kann eine solche „Leiter" helfen. Vertrauen und Angstfreiheit, Losgelassenheit, Gleichgewicht und Rhythmus, Bewegungsgefühl und Hilfengebung/Einwirkung – über diese Etappen führt der Weg ans Ziel: besser sitzen. Alle Fragen in diesem Kapitel richten sich auf den Sitz des Reiters und die Schulung des Gefühls. Alter und Erfahrung des Reiters sind dabei sekundär. Mit den angemessenen Zugeständnissen kann jeder Reiter seinen Sitz verbessern. Es ist ein bekannter Merksatz: Nur aus dem verbesserten Sitz des Reiters verbessert sich sein Pferd. Deshalb kommt der Sitzschulung im Ausbildungsprozess die zentrale Bedeutung zu. Dieser Prozess ist nie abgeschlossen. In den „Richtlinien für Reiten und Fahren" wird folgende Systematik ausführlich erläutert: Sitz, Hilfengebung, Gefühl, Einwirkung.

1. Ich bewundere die großen Dressurreiter mit ihrem lang gestreckten Bein. Mir rutscht immer der Bügel weg, wenn ich versuche, diesen Sitz auch zu erreichen. Wie finde ich die richtige Bügellänge?

Der Sitz mit lang gestrecktem Bein ist auch diesen „großen Dressurreitern" nicht einfach zugeflogen. Sie haben ihren Sitz lange geschult. Sie korrigieren sich auch, wenn sie auf Grand-Prix-Niveau angelangt sind, immer weiter. Das heißt: Nicht nur ihr Pferd, sondern auch ihren Sitz müssen sie ständig verbessern. Der Schlüssel für ein lang gestrecktes Bein mit ruhigem Schenkel liegt in der mitschwingenden Hüfte, nicht in der Länge des Bügelriemens. Im Gegenteil: Hieraus ergeben sich oft Fehler. Ein zu lang gestrecktes „durchgedrücktes" Bein blockiert die Hüfte oder schafft ein Hohlkreuz und macht ein Mitschwingen schwer möglich oder gar unmöglich. Dem Reiter bereitet es Mühe, den Bügel dabei korrekt aufzunehmen.

! Ein erzwungen gestreckter und dadurch überstreckter Sitz ist eine der Hauptursachen für mangelnde Losgelassenheit des Reiters. Sättel, die den Reiter fixieren, und zu lang verschnallte Bügel verbessern den Sitz nur scheinbar. Die gesamte Hilfengebung wird dadurch eher negativ beeinträchtigt.

→

Übungstipp:

Die richtige Bügellänge findet man, indem man die Füße aus dem Bügel nimmt und die Beine locker am Pferdeleib herabhängen lässt. Die leicht angehobene Fußspitze soll den Bügel bequem erreichen können. Das Knie muss gewinkelt bleiben. Abwechselnd mit kürzerem oder ganz ohne Bügel reiten. Dabei betont auf das Mitschwingen der Hüfte und auf die Losgelassenheit von Pferd und Reiter achten. Der Reiter muss sich bewusst von der Bewegung des Pferdes mitnehmen lassen. Das Pferd muss selbst im Rücken schwingen, um dem Reiter einen losgelassenen Sitz zu erlauben. Die Trabreprisen eher kürzer als zu lang wählen. So werden Verkrampfungen vermieden. Sitzübungen an der Longe sind ein idealer Weg, um die Beine zu strecken, ohne Unruhe im Unterschenkel oder Oberkörper zu verursachen. Der gute Dressursitz mit lang gestrecktem Bein ist ein mittelfristiger Lernprozess.

Achtung!

Sicherstellen, dass die Bügel auf beiden Seiten gleich lang verschnallt sind. Dazu den Bügel am herabhängenden Riemen hochschlagen und Abstand zwischen Bügel und Sattelblatt vergleichen.

Kontrolle für gleiche Bügellänge auf beiden Seiten

Lesehinweis:
Kapitel III: Fragen 18, 19, 21
Kapitel IV: Frage 11

2. Alle reden von dem Grundsatz „mehr von hinten treiben als vorne am Zügel durchhalten". Wie treibt man eigentlich richtig? Und in welchem Verhältnis steht das Treiben zum Durchhalten?

Dieser Grundsatz ist tatsächlich eine Schlüsselaussage für das ganze Reiterleben. Leider lässt sich die Frage nach dem Verhältnis vom Treiben zum Durchhalten nicht in Kilogramm beantworten, und das macht eine „Anweisung zum Reitenlernen" so schwierig. Das „Wieviel" lässt sich nur erfühlen, nicht objektiv messen. Auch das „Wie" kann man höchstens so beschreiben: Das Pferd an den treibenden Hilfen behalten und dazu das Becken im Rhythmus der Bewegungen des Pferderückens leicht nach hinten kippen, umso jeweils einen kleinen Vorwärtsimpuls auszulösen. Vorherrschend sollte jedoch die Schenkelhilfe sein. Bei gekrümmtem Knie die Waden ans Pferd bringen, Wadenmuskulatur leicht anspannen, indem man die Fußspitzen anhebt und den Absatz nach unten durchfedern lässt.

Der Wechsel zwischen An- und Ent-Spannung ist wichtig. Dabei muss sich der Reiter klar machen, dass seine Hilfen nur Signale an das Pferd sind, Motivation nach Vorwärts. Dauernde Hilfen und Dauerdruck, zum Beispiel ein klopfender oder gar krampfhaft pressender Schenkel, provozieren leicht Widerstand oder stumpfen das Pferd ab. Die treibende Hilfe zielt nicht auf schnelleres und eiligeres Tempo, sondern immer auf frischere Bewegung, elastische Dynamik, mehr Aufmerksamkeit des Pferdes.

Übungstipp:

Die Bewegungen des Pferdes an der Longe erfühlen, am besten auch ohne Sattel. Beine ganz locker am Pferdeleib hängen lassen, die Fußspitze fallen lassen. Darauf achten, in welchem Moment der Schenkel dem Pferdeleib näher kommt. Im Schritt wird das wechselseitig sein, im Trab gleichzeitig. Diese leichte anlegende Bewegung mitmachen. Ist der Rhythmus gefunden, den Schenkeldruck, wenn erforderlich, verstärken. Bis der Reiter sich in die Bewegung des Pferdes eingefühlt hat, kann auch der Reitlehrer von unten das Treiben mit der Longierpeitsche übernehmen. Wichtig ist, dass der Reiter den richtigen Moment für den Schenkeldruck erspürt.

Achtung!

Der Oberkörper wird natürlich aufgerichtet, damit die Gesäßknochen tatsächlich senkrecht über den Sattel auf den Pferderücken einwirken. Beinmuskulatur nur so weit anspannen, dass die Gesäßmuskeln weiter entspannt bleiben und kein „Thronkissen" bilden.

→

→ Kleiner Trost am Rande: Der Grundsatz des „Mehr zu treiben als zu verhalten" ist ein Ideal, das auch Superreiter mit einem Superpferd nicht alle Tage beständig erleben. Wichtig ist die Abstimmung der Hilfen im Verhältnis zueinander. Häufig wird mit zu viel „Kraft" und zu viel „Hand" geritten. Weniger ist hier mehr.

3. Wie nimmt man eigentlich „das Kreuz ran"?

Der Begriff des „Kreuzanspannens" führt genauso häufig zu Missverständnissen wie die Aufforderung zum „Schwer-Hinsetzen". Beides sorgt oft nur für Verkrampfungen und schadet einem ansprechenden Grundsitz. Verständlicher wird die Aufforderung, wenn man von Gewichts- oder Sitzhilfen spricht. Das „Kreuz" ist der gesamte Rücken, der über eine Kippbewegung des Beckens bewegt und balanciert wird. Dabei sind auch die Bauchmuskeln beteiligt. Die „Kreuzhilfen" münden in die Gesäßknochen durch leichtes Vorneigen oder vermehrtes Aufrichten des Oberkörpers.

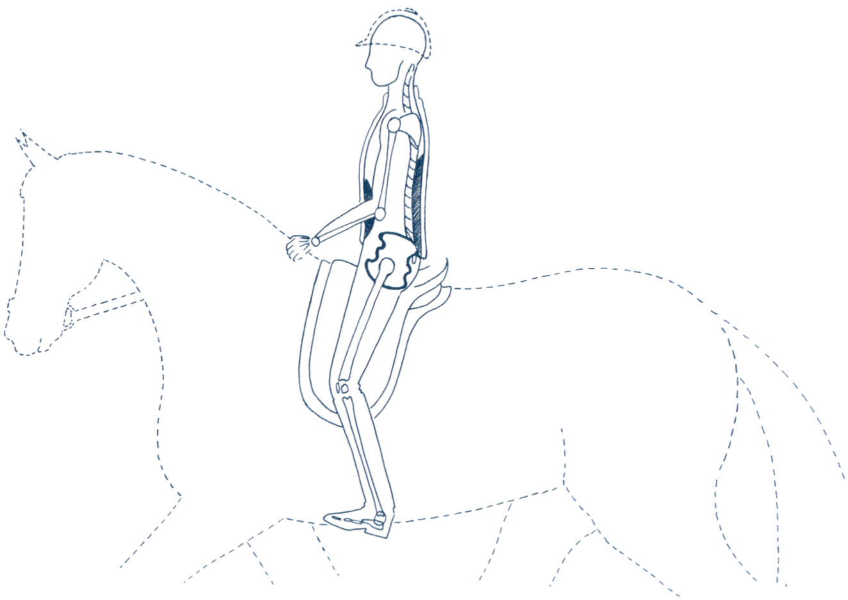

Für das Kreuzanspannen werden Bauch- und untere Rückenmuskulatur für einen kurzen Moment angespannt.

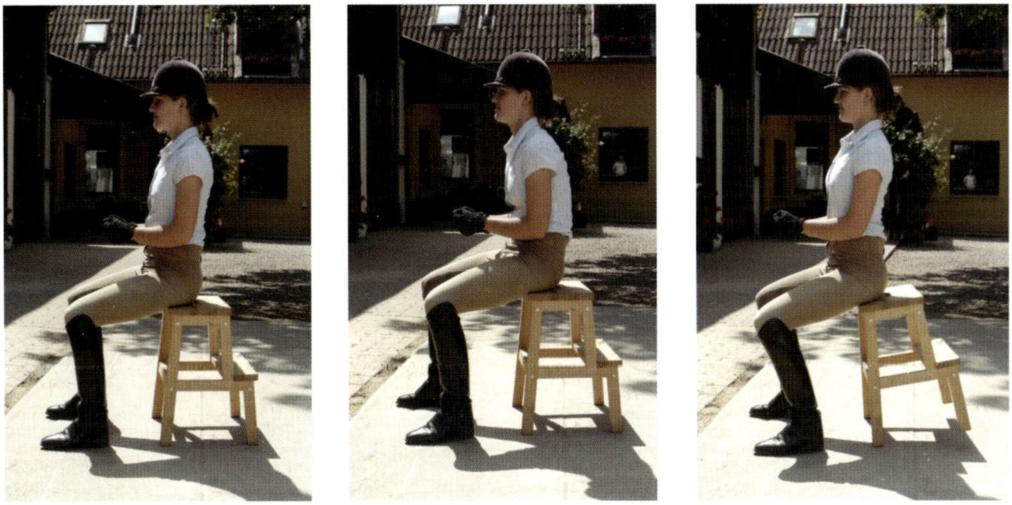

Der Hocker bewegt sich durch „Kreuz-Anspannen".
Der Reiter schult die beidseitig belastende Gewichtshilfe.

Übungstipp:

Auf einem harten Stuhl oder Sitzball Funktionszusammenhänge erfühlen. Auf beiden Gesäßknochen das volle Gewicht erspüren bei gleichmäßiger Belastung durch den aufgerichteten Oberkörper, der über den Gesäßknochen balanciert wird. Veränderungen in der Neigung des Oberkörpers verändern auch die Einwirkung des Gewichts über die Gesäßknochen. Auch beim Reiten ohne Sattel lässt sich die direkte Wirkung der Sitzhilfe gut erproben.

Achtung!

Dicke Unterlagen unter dem Sattel lassen die Gewichtshilfe verschwimmen. Die „Prinzessin auf der Erbse" ist schon im Grimmschen Märchen nicht glücklich geworden (siehe Foto S. 47).

Lesehinweis:
Kapitel III: Fragen 13, 15
Kapitel IV: Fragen 32, 34

4. Wie sieht korrekte Zügelhaltung aus? Bei uns am Stall schwören viele auf eine ganz breite Führung. Dabei sitzen die Hände fast auf dem Oberschenkel. Was bewirkt das denn?

Die „Ideallinie" für eine korrekte Zügelführung ist immer die Gerade zwischen Pferdemaul, Reiterhand und Ellenbogen. Die Oberarme rahmen den Oberkörper des Reiters ein, geben ihm Schluss. Die Hände stehen so tief, dass sie die Mähnenhaare leicht spüren. Sie werden also weder nach unten gedrückt, noch so hoch genommen, dass das Pferd „sich überzäumt". Beide Hände stehen aufrecht nebeneinander, die kleinen Finger dichter zusammen als die Daumen. Die Faust wird weich geschlossen mit flexiblem Handgelenk.

Die beschriebene breite Zügelführung ist nicht korrekt. Sie soll eine tiefere Einstellung des Pferdes bewirken und ist der Versuch einer Gymnastizierung, deren Erfolg allerdings zweifelhaft ist. Sie wird fehlerhaft, wenn diese Art der Zügelführung nicht ganz weich – im Sinne der seitwärts weisenden Zügel – erfolgt. Dann kann es leicht zu einer Hebelwirkung kommen. In diesem Fall versuchen die Reiter, mit verstärkter Handeinwirkung den Hals des Pferdes zu formen. Diese Art des Reitens ist nachhaltig abzulehnen, weil in diesem Falle das Pferd von vorne nach hinten gearbeitet wird – und nicht umgekehrt, wie es richtig ist.

Zügel und Unterarm des Reiters bilden eine gerade Linie. Ein Gurtzügel mit Stegen erlaubt noch bessere Kontrolle über die richtige Zügellänge.

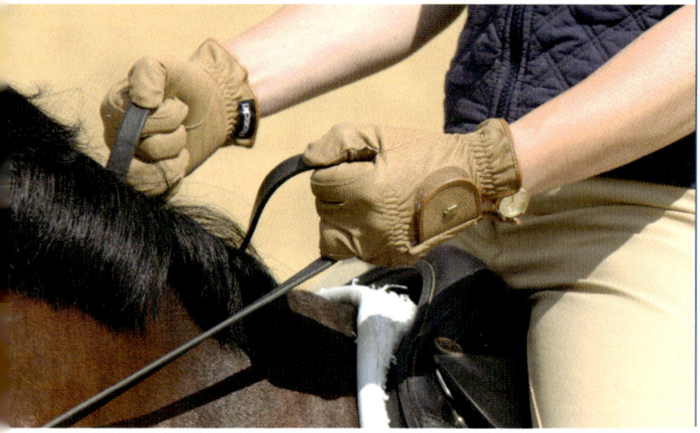

Übungstipp:

Aus der korrekten Handhaltung über eine einseitig seitwärts weisende Zügelhilfe dem Pferd die Stellung und später die Biegung erleichtern. Dabei den äußeren Zügel gefühlvoll und nicht blockierend anstehen lassen und mit dem inneren Schenkel an den äußeren Zügel herantreiben, ohne dabei die begrenzende Wirkung des äußeren Schenkels zu vernachlässigen. Nachgeben, sobald das Pferd nachgibt, und ihm damit den richtigen Weg nach vorwärts-abwärts zeigen. Die Hand wieder in die Ausgangsposition zurücknehmen, wenn das Pferd in gewünschter Weise reagiert hat. Bei Bedarf kann die seitwärts weisende Hilfe dann wiederholt werden.

Achtung!

Ganz wichtig ist das lockere Handgelenk. Mangelnde Losgelassenheit in diesem Gelenk macht den Oberkörper des Reiters „fest". Die Bewegung kann nicht fließen. Leicht abgeschwächt gilt das übrigens auch für die Aufforderung „Daumen dachförmig", die so oft als Überrest einer alten Heeresdienstvorschrift belächelt wird. Auch der gerade ausgestreckte Daumen verursacht eine feste Hand und einen verkrampften Oberarm.

5. Ich kann meine Hände nicht still halten. Woran liegt das?

Der Schlüssel für den ausbalancierten Sitz liegt in der Körpermitte. So wie kein Bügel am Fuß bleibt, wenn die Bewegung bis dorthin nicht fließt, so kann man bei Störungen auch die Hand nicht still halten. Bei unruhiger Hand hilft nur, die volle Konzentration auf die Körpermitte zu lenken und dort die Probleme zu beheben. Wenn ein Reiter für den Betrachter mit ruhigen Händen still sitzt, heißt das, dass er sich tatsächlich ständig in Harmonie mit dem Pferd bewegt.

Übungstipp:

Es gibt verschiedene Übungen, um eine ruhige Handhaltung unabhängig vom Sitz zu schulen. Sie lassen sich alle zunächst an der Longe erarbeiten, aber bei zunehmender Fertigkeit auch auf dem frei gehenden Pferd durchführen.

- ➜ *Arm- und Unterarm kreisen in verschiedenen Richtungen, auch gegensätzlich.*
- ➜ *Jonglieren mit Bällen oder kleinen Ringen.*

➜

Probleme „spielend" ausgleichen: Jonglieren ist eine gute Balanceübung. Durch die Konzentration auf die Bälle lockern sich Versteifungen im Sitz.

- *Hände abwechselnd höher und tiefer nehmen und dabei auf den Rhythmus achten, den das Pferd vorgibt.*
- *Fortgeschrittene Reiter können das auch mit leicht anstehendem Zügel üben. Ein gut gerittenes Pferd wird dabei in gewohnter Weise weitergehen und zeigen, dass der Reiter wirklich unabhängig von der Hand Sitzen gelernt hat.*
- *Die Zügel als „Brücke" aufnehmen und damit für vermehrte „Stabilität" im Sitz und in der Handhaltung sorgen.*

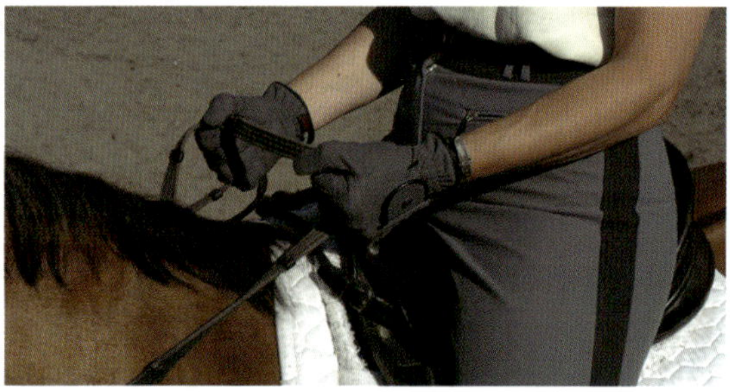

Die Zügelbrücke beim dressurmäßigen Reiten. Sie stabilisiert die Handhaltung (siehe auch Foto S. 96).

- ***Reiten mit einer Hand.** Dabei die andere Hand locker am Oberschenkel herabhängen lassen. Anmerkung: In früheren Zeiten gab es Dressuraufgaben, in denen einzelne Lektionen mit einer Hand geritten werden mussten. Diese Aufgaben gibt es nicht mehr. Dennoch sollte das Reiten mit Zügeln in einer Hand häufig geübt werden. Es schult die Balance. Das Mitschwingen des Reiters wird im Hüftgelenk verbessert und das Pferd zur Dehnung des Halses veranlasst.*
- *Die jeweils äußere Hand in den „Angstriemen" am Sattel „einhaken", zunächst mit drei Fingern, später nur noch mit dem kleinen Finger, bis die Mittelpositur zum gefühlvollen Mitschwingen gebracht worden ist.*

Lesehinweis:
Kapitel III: Fragen 8, 11, 12

6. Ich habe Angst, meinem Pferd im Maul weh zu tun. In dem Bemühen um eine möglichst sanfte Hilfengebung werden die Zügel aber oft zu lose. Wie finde ich das richtige Zügelmaß?

Bemühungen, das Pferd im Maul nicht zu stören, sollte jeden Reiter ständig begleiten. In der klassischen Reitweise ist die weich-federnde Anlehnung das Ideal. Anders als beim Westernreiten, wo nur Impulse gegeben werden und der Zügel dann wieder durchhängt, ist das Ideal in der klassischen Reitweise ein Pferd, welches das Gebiss sucht, sich davon abstößt und damit leicht in der Hand wird. Bei richtiger Einstellung wirken die Zügel zu Beginn der Dressurarbeit wie zwei seitlich eingeschnallte Ausbindezügel. Das Pferd soll lernen, sich zum Gebiss treiben zu lassen, um sich dann dort abzustoßen und nachzugeben. Dabei ist die Hand jedoch nur optisch starr. Sie folgt stattdessen gefühlvoll dem Pferdemaul durch weiches (fast unmerkliches) Annehmen und Nachgeben. Dabei ist der gleichmäßig anstehende weiche Zügel im Trab und Galopp ganz besonders wichtig. Ziel ist das Nachgeben im Genick. Zum Schritt geht der Reiter mit seinen Händen in die Nickbewegung des Pferdes mit ein.

Übungstipp:

Die richtige Einstellung findet man am besten über die Vorstellung, dass die Zügel wie zwei seitliche Ausbindezügel wirken. Für eine bessere gleichmäßige Verbindung zwischen Hand und Pferdemaul kann der Reiter sich zunächst mit dem kleinen Finger der äußeren Hand in den „Angstriemen" vor dem Sattel „einhaken". Als weitergehende Übung ist das Abkauen im Halten zu empfehlen. Hier hilft der Ausbilder von unten. Der Reiter kann mit dieser Übung sein Gefühl für die Verbindung zwischen seiner Hand und dem Pferdemaul schulen bzw. verbessern.

Achtung!

Die Zügellänge ist weniger entscheidend als die Gleichmäßigkeit in der Anlehnung. Der Zügel soll nicht abwechselnd locker und wieder fest werden, d.h. „springen". Dabei ist das gleichmäßige und aktive Treiben mit den Schenkeln besonders wichtig. Der Schenkel soll am Pferd „mitatmen".

Lesehinweis:
Kapitel IV: Fragen 1, 3

7. Wie schaffe ich es, auf dem richtigen Fuß zu traben?

Der „richtige“ Fuß beim Reiten im Viereck ist der innere Hinterfuß des Pferdes. Wenn dieser vorschwingt, muss der Reiter beim Leichttraben aufstehen. Weil der Reiter die Bewegung des inneren Hinterbeines nicht sehen, sondern nur erfühlen kann, schaut er zunächst auf das äußere Vorderbein, das sich im Trab (Zweitakt) zeitgleich bewegt. Der Reiter steht also auf, wenn die äußere Schulter des Pferdes vorgeht.

Übungstipp:

Zunächst im Schritt an der Longe mechanisch die Auf- und Abbewegung erproben und das Auge trainieren, um den richtigen Zeitpunkt für das Aufstehen zu erkennen. Wer Schwierigkeiten hat, die Schulter zu definieren, kann das Schulterdreieck mit Kreide markieren. Danach aussitzen im Trab und den richtigen Zeitpunkt zum Aufstehen ansagen: „jetzt“, „jetzt“, „jetzt“. Daraus wird der Ausbilder erkennen, ob der Reiter die Schulterbewegung richtig erkennt. Das Gefühl für den richtigen Zeitpunkt so lange schulen, bis man zunächst ohne Kreidemarkierung und schließlich ganz ohne Herunterschauen den geeigneten Moment zum Aufstehen, also den „richtigen Fuß“, erkennt. Um bei einem „Handwechsel“ auch den „Fuß zu wechseln“, sitzt man korrekterweise einen Tritt aus.

Leichttraben auf dem inneren Hinterfuß: Ein Blick auf die äußere Schulter zeigt den richtigen Moment zum Aufstehen.

Achtung!

Im Gelände bei längerem Leichttraben auf gerader Linie öfter den „Fuß wechseln“, damit das Pferd gleichmäßig belastet wird. Einen Tritt lang im Bügel stehen zu bleiben (um damit den eigenen Rücken zu schonen und die Balance zu erhalten) ist hier ebenso zulässig wie einmal sitzen zu bleiben, wie es sonst üblich ist.

8. Aussitzen ist eine Strafe für mich und mein Pferd. Ich habe Seitenstiche und hoppele im Sattel mehr oder weniger hilflos herum. Wie komme ich zu einem ruhigeren Sitz?

Aussitzen sollte der Reiter nur, wenn er sich dabei gut fühlt. Wenn der Reiter sich nicht loslassen kann, lässt sich als Folge davon sein Pferd auch nicht los. Ein Pferdefreund schaltet dann sofort zurück zum Leichttraben. Er wird so den Rücken des Pferdes entlasten – und seinen eigenen natürlich auch. Pferd und Reiter fühlen sich beide wieder wohl.

Übungstipp:

Vom entlastenden zum mehr belastenden Sitz kommen und dabei auf eine gleichmäßige Atmung achten. Wenn der Oberkörper etwas vor der Bewegung bleibt, fällt es leichter, den Schwung abzufangen. Sprunggelenk, Knie und Hüfte sind gleichmäßig beteiligt an diesem Prozess des Abfederns. Dabei sollte der Reiter das Gefühl haben, im Sattel zu knien. Aussitzen zunächst nur über kurze Reprisen. Zehn Meter genügen für den Anfang. Diese Distanz lässt sich steigern, wenn das Mitschwingen leichter fällt. Allmählich den Oberkörper bis in die Senkrechte zurückbringen und dann aussitzen. Oder Antraben im Aussitzen aus dem Schritt und so lange traben, bis das „gute Gefühl" abnimmt. Auch ohne Bügel reiten, um noch besser in die Bewegung des Pferde hereinzufinden. Das darf nur mit einem losgelassen sitzenden Reiter praktiziert werden. Eventuell muss auch an der eigenen Kondition gearbeitet werden durch begleitenden Sport, z.B. durch Schwimmen oder Joggen.

Achtung!

Der Sitz wird nicht besser, je länger man sich quält. Das steigert nur die Verkrampfungen von Reiter und Pferd. Losgelassenheit von Pferd und Reiter ist aber das oberste Ziel!

9. Meine Zirkel sehen immer aus wie Eier. Wie werden Zirkel und Volten schön rund?

Zunächst ein vordergründiger Widerspruch: Zirkel und Volten werden am besten rund, wenn man sie mit einem gerade gerichteten Pferd reitet. Das Pferd muss mit den vier Beinen auf dem gebogenen Hufschlag gehen und die Hinterhand darf dabei nicht nach außen ausweichen. Dazu müssen die äußeren Hilfen mit Schenkel und Zügel korrekt einwirken, d.h. der äußere Zügel weich (d.h. nicht blockierend) anstehen und der äußere Schenkel das Pferd verwahrend einrahmen. Genauso wichtig sind aber auch der innere Schenkel mit seiner biegenden Funktion und der innere Zügel, der für die Stellung des Pferdes sorgt. Beide Schenkel wirken treibend.

Runde Zirkel: Optische Hilfsmittel erleichtern das Kreisen. Kegel oder eine deutliche Spur (Sägespäne oder Markierung mit der Harke oder Wasser aus der Gießkanne) zeigen den richtigen Weg.

Übungstipp:

Optische Hilfsmittel benutzen, zum Beispiel einen Kegel in der Zirkelmitte oder Markierungen der Zirkelpunkte mit Sägespänen. Mit dem äußeren Knie die Zirkelpunkte „abwischen wollen" und dazu mit dem inneren Schenkel nach außen treiben. Der Reiter muss mit seinen Augen die gebogene Linie abreiten und jeden Zirkelpunkt genau ins Visier nehmen. Wenn der eine erreicht ist, den nächsten anpeilen. Das ist auch eine gute Hilfe für die richtige entspannte Kopfhaltung mit Blickrichtung nach vorne. Dabei gibt der Reiter automatisch die richtige Gewichtshilfe. Der Zirkel hat in Dressuraufgaben einen Durchmesser von 20 Metern. Die Volte hat je nach Aufgabe einen Durchmesser von zehn, acht bzw. von sechs Metern.

Achtung!

Die korrekte Ausführung von Volten müssen auch Weltklassereiter regelmäßig üben. Groß ist die Gefahr, dass das Pferd eng im Hals wird oder sich im Genick verwirft. Das passiert, wenn sich das Pferd nicht mehr sicher ausbalanciert. Das Pferd verliert an Schwung. Häufig ist auch der Takt gefährdet.

10. Wie schaffe ich es, eine gerade Linie zu reiten, die auch wirklich gerade ist?

Auch wenn das paradox klingen mag: Ehe ich gerade auf einer geraden Linie reiten kann, muss sich mein Pferd stellen und biegen lassen. Es muss sicher auf gebogenen Linien wie Zirkeln und Volten und damit auch geschmeidig durch Ecken gehen können. Das kostet zunächst viel Zeit. Um eine optimale Gerade mit einem gerade gerichteten Pferd zurücklegen zu können, werden bis zu zwei Jahre Ausbildungszeit benötigt. Weil das Pferd sich von Natur aus schief bewegt, gehört die so genannte gerade richtende Biegearbeit zum Standardprogramm der Ausbildung von Pferden.

Nach der klassischen Reitauffassung ist die gesamte Dressurausbildung ein großer Gymnastizierungsprozess, kein Drill oder reines Lektionen-Lernen. Das Ziel ist, dass das Pferd auf ganz leichte beidseitig belastende Gewichtshilfe von sich aus nach vorne „zieht".

Übungstipp:

Große gebogene Linien reiten. Dabei darauf achten, dass der innere Schenkel an den äußeren Zügel und den verwahrenden äußeren Schenkel herantreibt. Später unter Beibehaltung dieses Prinzips zu kleineren gebogenen Linien (Volten) übergehen. Danach Schultervor als Übung zum Geraderichten. Beim Reiten auf gerader Linie auf beiden Gesäßknochen gleichmäßig sitzen. Mit den Augen genau den Punkt anvisieren, zu dem man reiten will. „Zum Punkt hin und vom Punkt weg", heißt es oft. Das Pferd gut an den treibenden Hilfen behalten, damit es nicht mit der Hinterhand zur Seite ausweicht und damit wieder schief wird. Der Reiter muss das Gefühl haben, dass das Pferd vor ihm ist, von selbst nach vorne zieht.

Hinten ist der „Motor" des Pferdes. Deshalb wird die Vorhand immer auf die Hinterhand ausgerichtet, weil von dort der „Antrieb" erfolgt und deshalb auch hier die Kontrolle ansetzen muss.

Schwerer, als es aussieht: ein gerade sitzender Reiter auf einem gerade gerichteten Pferd. So kommen beide auch geschmeidig auf die gebogene Linie.

Lesehinweis:
Kapitel III: Frage 11

11. Gerade sitzen – welche Körperteile sind davon wirklich betroffen?

Gerade sitzen alleine ist nur ein formalistischer Anspruch. Wer dabei nur in Gedanken den „Stock verschluckt", der sitzt schon steif und statisch, nicht losgelassen und schwingend. An einem losgelassenen geraden Sitz sind alle Körperteile beteiligt mit der Mittelpositur als Zentrale. Sitzt ein Reiter mit rundem Rücken und vorgebeugten Schultern, so lässt sich sein Oberkörper nur aus dem Becken heraus aufrichten und die Wirbelsäule wieder in die natürliche S-Form bringen. Aus dem losgelassenen Sitz richtet sich der Reiter nach oben auf und streckt sich nach unten. Gerade zu sitzen ist nicht das höchste Ziel, sondern losgelassen zu sitzen.

Übungstipp:

Über Kontrasterfahrungen zum Ziel kommen: Wie ein Sack in sich zusammensinken und dann wieder nach oben recken und nach unten strecken. Auf einem harten Stuhl beidseitige und einseitige Gewichtshilfen unterscheiden lernen und dabei vor allem festhalten, wie sich die Gewichtshilfe gegensätzlich verlagert, wenn man den Oberkörper zu stark zur Seite nimmt und dabei ungewollt und meist unbewusst in der Hüfte einknickt. Das Gewicht, das nach links zielt, wirkt damit plötzlich rechtsseitig und umgekehrt. In der Praxis hilft es, Schlangenlinien auf der Mittellinie zu reiten oder um Kegel herum, nur mit Hilfe des Gewichts und nicht über Führen mit dem Zügel. Das Pferd dabei durch gefühlvolle Gewichtsverlagerung mit dem eigenen Körper in die Bewegung mitnehmen.

Selbstversuch zu Balance, Geraderichtung und Gewichtsverlagerung

12. Mein Reitlehrer sagt, ich sei steif in der Hüfte und mir fehle die schwingende Mittelpositur – welche Übungen helfen?

Mehr Elastizität schafft man zunächst aus dem entlastenden Sitz, bei dem das Becken nach vorn gekippt wird. Nicht zu lange Bügel helfen, die Mittelpositur zu lockern, und erlauben der Hüfte, besser in der Bewegung mitzuschwingen.

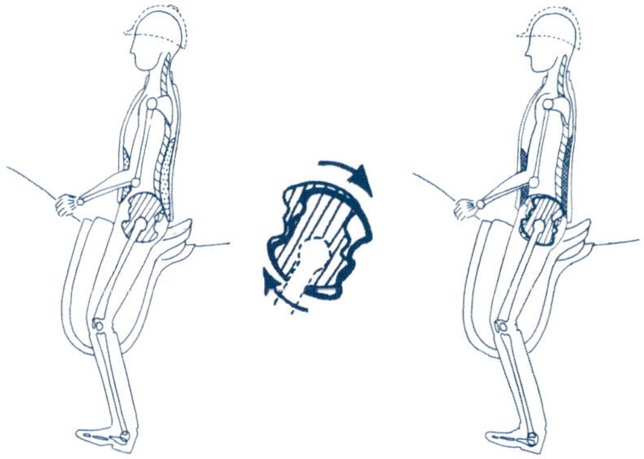

Der Reiter vollführt im Aussitzen kaum sichtbare Schwingungen mit dem Becken. Die Rumpfmuskulatur (das „Kreuz") wird dabei mäßig an- und abgespannt.

Übungstipp:

Zunächst gilt es, über Sitzübungen an der Longe mehr Körpergefühl zu erreichen. Um sich klar zu werden, wo die Hüfte eigentlich sitzt und wie sie bewegt werden sollte, kann man seitlich rechts und links am Pferd „abtauchen". Rumpfbeugen nach rechts und links sind hilfreich. Diese Verbesserung der Beweglichkeit übt man zunächst ohne Zügel. Das Pferd geht ausgebunden an der Longe. Zu Beginn Übungen im Schritt, dann im Trab wiederholen und dabei abwechselnd mit und ohne Bügel reiten.

Dabei bewusst ohne bzw. mit wenig Schenkeleinsatz reiten und versuchen, das Pferd nur durch Kippen des Beckens nach hinten in Bewegung zu setzen. Der Reitlehrer sollte zunächst mit der Longierpeitsche von unten helfen, das Pferd voranzutreiben. Sein treibender Einfluss reduziert sich dann allmählich. Durch Mitschwingen das Pferd in Bewegung halten und später auch Tempounterschiede reiten. Das geht auch ohne Zügel, ausschließlich durch vermehrtes oder vermindertes Mitschwingen, bei dem die Beine nur locker am Pferd herabhängen. Dabei nicht treiben. Auch das Reiten von Wendungen schult das Körpergefühl und weckt das Bewusstsein für das richtige Mitschwingen aus der Mittelpositur heraus.

Balance-Übungen an der Longe vereinfachen den Lernprozess. Der Longenführer hat die Kontrolle über das Pferd und der Reiter kann sich ganz auf seinen Sitz konzentrieren.

13. Wenn sich mein Pferd den Gewichts- und Schenkelhilfen entzieht und schlecht sitzen lässt, falle ich gleich ins Hohlkreuz. Dann wird es noch schlimmer. Was kann ich tun, um besser mitzuschwingen?

Hier sind zwei Probleme angesprochen: Die mangelnde Akzeptanz der Gewichts- und Schenkelhilfen und das falsche Vorkippen des Beckens. Diese müssen nacheinander gelöst werden, folgend dem Grundprinzip, vom ent- zum belastenden Sitz zu kommen. Das Pferd muss wieder sicher an die treibenden Hilfen gebracht werden, in allen drei Gangarten. Dazu sitzt der Reiter im leichte(re)n Sitz, bei dem das Gesäß aber unbedingt Kontakt zum Sattel haben muss. Der „belastende Dressursitz“ wird erst eingenommen, wenn das Pferd die treibenden Hilfen wieder annimmt.

Das „Hohlkreuz“ kippt das Becken in die falsche Richtung, nämlich nach vorn. Der Reiter versucht oft, das Problem über eine übertriebene Rücklage auszugleichen – meistens, wenn er aufgefordert wurde, sich „schwer“ hinzusetzen. Dadurch wird das elastische Mitschwingen blockiert.

Übungstipp:

Sitzübungen an der Longe, bei denen das Pferd zunächst vom Ausbilder auf das richtige Tempo „eingestellt“ wird. Der Reiter unterstützt das durch entlastendes Sitzen im Leichttraben. Ist das Pferd wieder ausreichend an den treibenden Hilfen, nimmt der Reiter den Oberkörper allmählich zurück, kommt mehr zum belastenden Sitz und schließlich zum mitschwingenden Aussitzen.

Achtung!

Den eigenen Anspruch „zurückschalten“. Keinen Druck auf sich selbst ausüben, weil sonst Gefahr einer Verkrampfung besteht. Der hartnäckige Fehler des Sitzens im Hohlkreuz lässt sich nur beheben, wenn der Reiter sich auf einen langwierigen Lernprozess einstellt. Er darf sich dabei innerlich auf keinen Fall verkrampfen. Jede innerliche Verkrampfung führt sogleich zu einer erneuten körperlichen Verspannung, die wieder eine Fehlstellung des Beckens begünstigt.

Grundsätzliche Haltungsfehler sollten auch einmal mit einem Physiotherapeuten besprochen werden.

14. „Augen geradeaus", heißt es – wie soll ich da eigentlich mein Pferd im Blick behalten?

Ein gefühlvoller Reiter „sieht" auch ohne Hinschauen, wo die Hilfen verstärkt werden müssen und ob sein Pferd „richtig" geht. Er horcht in sein Pferd hinein. Wer ständig runter auf sein Pferd guckt, schaltet sein Gefühl aus und setzt seine Gewichtshilfen nicht effektiv ein. Dauernd auf den Hals oder die Ohren des Pferdes zu starren, lenkt ab und verringert eine gefühlvolle Hilfengebung bzw. reiterliche Einwirkung. Wer stattdessen die Richtung anvisiert, in die er reiten möchte, gibt automatisch die richtige Gewichtshilfe und führt damit sein Pferd fast „wie von selbst". Das gilt im Dressurviereck genauso wie im Parcours oder im Gelände. „Hängt" der Kopf, fehlt die beidseitig belastende Sitzhilfe. Legt der Reiter den Kopf zu steif in den Nacken, so blockiert er damit das Okzipitalgelenk (die Stelle, wo der Kopf auf der Wirbelsäule aufsitzt). Ist dieses Gelenk versteift, so blockiert es den gesamten Oberkörper.

Typische Fehlersituation: Der Reiter schaut herunter und versucht, das Pferd mit starker Handeinwirkung beizuzäumen. Der tief gesenkte Kopf bewirkt eine feststehende Hüfte und einen wenig aktiven Schenkel.

Übungstipp:

Optisch bemerkenswerte Punkte anvisieren und das Pferd auf gebogener und auf gerader Linie dorthin führen. Das können Bahnpunkte am Dressurviereck, ein Hindernis oder Kegel im Parcours, ein bestimmter Baum am Horizont im Gelände sein. Das Anvisieren einzelner Punkte ist eine gute Konzentrationsübung, und Konzentration ist eine der wesentlichen Voraussetzungen für reiterliches Gefühl.

Achtung!

Die rein optisch richtig scheinende Kopfhaltung allein genügt nicht. Die Blickrichtung der Augen entscheidet. Also: Stets den gewählten Weg mit den Augen „abreiten" wollen. Die Kopfneigung und ein schweifender Blick beeinflussen die Losgelassenheit bis zum Becken.

15. Wenn mein Pferd mal stolpert, kippe ich oftmals gleich vornüber. Wie verbessere ich meine Balance?

Ein loser passiver Sitz ist zunächst eine bessere Ausgangsbasis für Korrekturen als ein steifer und verkrampfter. Das Mitgehen mit der Bewegung ist positiv, aber das Vornüberfallen deutet darauf hin, dass das Gefühl dafür, das Pferd an den treibenden Hilfen vor sich zu haben, geschult werden muss. Die am Gurt liegenden treibenden Unterschenkel gewährleisten in der Regel eine gewisse Stabilität des Sitzes. Die Entwicklung einer positiven Körperspannung ist ein muskulärer Prozess, der Zeit benötigt, bis genügend Kraft aufgebaut ist. Die natürliche positive Körperspannung lässt sich nur aus der Losgelassenheit heraus entwickeln. Das gilt in gleicher Weise für den Reiter wie für das Pferd.

Übungstipp:

Übergänge reiten als Kontrolle für die positive Körperspannung. Antraben aus dem Schritt und wieder in den Schritt „hineintreiben" beim Durchparieren aus dem Trab. Mit der Verbesserung der Körperspannung beim Reiter, die sich durch diese Übung gut schulen lässt, werden auch Verbesserungen beim Pferd zu beobachten sein. Das Pferd wird möglicherweise auch weniger häufig stolpern.

Achtung!

- ➜ *Kraftübungen alleine nützen nichts ohne das entsprechende Gefühl für die Bewegung des Pferdes.*
- ➜ *Die positive Körperspannung stabilisiert den losen Sitz.*
- ➜ *Sie ist damit auch praktizierter Unfallschutz für Reiter und Pferd.*

16. Wenn ich rechts abwenden will, zieht mein Pferd nach links und umgekehrt, wie kommt das?

Kardinalfehler: „Ziehen“ am inneren Zügel. Deutlich zu sehen ist die einknickende Hüfte, die die verkehrte Gewichtshilfe bewirkt. Richtig wäre, das Pferd mit dem inneren Schenkel, in Richtung des äußeren Zügels zu treiben.

Hier ist ein Durcheinander entstanden aus der Schenkel-, Gewichts- und Zügelhilfe, das es zunächst wieder zu sortieren gilt. Der Reiter sitzt gerade auf beiden Gesäßknochen und dem Spalt, dem so genannten Sitzdreieck, und führt sein Pferd mit den Schenkeln, den Gesäßknochen und den Zügeln. Diese Punkte bilden den Rahmen, der das Pferd „einfasst“. Sie sind mit einer Schiene vergleichbar, die einen Zug leitet. Äußerer Schenkel und äußerer Zügel haben begrenzende Funktion. Sie sind wie eine Mauer für die Fliehkraft, die das Pferd in der Wendung sonst nach außen tragen würde. Der innere Zügel wirkt eher seitwärts weisend, vor allem bei jüngeren Pferden und Reitern mit weniger Erfahrung. Wer in die Bewegungsrichtung guckt, bringt sein Gewicht automatisch in die richtige Richtung. Die Gewichtshilfe ist unter den drei Hilfen in der Wendung die wichtigste.

So wie sich ein Fahrrad- oder Motorradfahrer in der Kurve zur Seite lehnt, so folgt auch ein Reiter der Bewegung seines Pferdes in der Wendung. Dabei ist jedoch Feinabstimmung erforderlich. Wer in der Linkswendung in der (linken) Hüfte abknickt, belastet damit automatisch den falschen (rechten) Gesäßknochen, gibt seinem Pferd also genau das entgegengesetzte Signal.

Übungstipp:

Slalom reiten um Kegel, Bäume oder Schlangenlinie auf der Mittellinie. Kegel ohne bzw. mit wenig Zügelhilfen umrunden. Bei Wendungen beachtet der Ausbilder nicht nur das Seitenbild, sondern kontrolliert auch von vorn oder hinten, ob der Reiter mit richtig geneigtem Oberkörper in die Wendung „abbiegt“. Das kann man auch zunächst auf einem Stuhl, einem großen Ball oder auf den Schultern eines anderen Reiters probieren.

Achtung!

Gegenzug mit der Hand vermeiden. Bei Wendungen darf nie der innere Zügel vorherrschen oder sogar zurückziehen.

17. Mir wird beim Reiten oft die Luft knapp und ich komme aus der Puste, obwohl eigentlich gar nichts Anstrengendes verlangt wird. Was muss ich tun, damit meine Atmung regelmäßiger wird?

Wer noch nie auf einem Pferd gesessen hat, glaubt gerne, dass das Pferd die ganze Arbeit leistet. Aber auch für diesen „Sitzsport" wird Kondition benötigt, die sich nur über einen längeren Zeitraum aufbauen lässt. Reitkondition lässt sich nicht ausschließlich aus Waldläufen gewinnen, sondern nur beim Reiten selbst. Jede reiterliche Disziplin benötigt dabei eine spezielle Kondition. Dressurreiter empfinden den leichten Sitz oft als anstrengend. Umgekehrt mühen sich Springreiter oft im Dressursitz mit dem balancierten Aussitzen im Arbeitstrab. Starker Trab erfordert beispielsweise eine Balanceleistung höchster Anforderung, der nur wenige Reiter wirklich gewachsen sind.

Übungstipp:

- → *Bei allen Übungen auf die regelmäßige Atmung achten.*
- → *Viel im leichten Sitz mit leichter Belastung reiten und allmählich mehr zum belastenden Sitzen kommen.*
- → *Nur so lange traben wie „die Luft reicht". Ausbilder sollten dabei den Gesichtsausdruck und die gesamte Körpersprache ihrer Schüler beachten. Die Konzentration lässt sich dort ebenso ablesen wie die Kondition. Der Reiter gibt also das Tempo des Unterrichts und des Unterrichtsfortschritts vor.*
- → *Wenn der Atemrhythmus unregelmäßig wird, wieder Schritt reiten und entkrampfen. Das beschriebene richtige Treiben ohne zu verkrampfen spielt dabei eine große Rolle.*

Lesehinweis:
Kapitel III: Frage 2

Achtung!

Ohne gleichmäßiges Atmen sind losgelassenes Sitzen und Körperkontrolle nicht möglich.

18. Knie zu – das schaffe ich nicht. Entweder sind die Knie dran oder die Unterschenkel. Beides zusammen ist bei meiner Figur offenbar unmöglich. Kann das sein?

Knie- und Wadenschluss gleichzeitig zu haben, ist tatsächlich fast unmöglich. Beim Springsitz ist eher ein Knieschluss mit dem oberen Teil der Wade angestrebt. Der Reiter „steht" dabei nicht über dem Sattel, sondern hat eher das Gefühl, im Sattel zu knien. Beim Dressursitz ist es das Ziel, das Knie möglichst tief am Sattel zu platzieren. Es soll leichte Fühlung am Sattelblatt halten, aber nicht angepresst sein. Die Wade des Reiters soll am Pferdeleib leicht anliegen. Sie soll mitatmen. Das gelingt leichter, wenn die Fußspitze ganz leicht nach außen zeigt.

Jedes starke Herannehmen einzelner Teile des Beines führt zwangsläufig zu Verkrampfungen. Die Verkrampfungen erstrecken sich nicht nur auf den Schenkel des Reiters, sondern auf alle Körperteile – besonders auf sein Bewegungszentrum, die Mittelpositur. Also: Leichte, gleichmäßige Fühlung mit Knie und Unterschenkel.

In kritischen Situationen, z.B. beim buckelnden Pferd, Knie zu und mit dem Unterschenkel nachdrücklich das Pferd nach vorne reiten. Das energische Treiben nach vorn verhindert ein Herunterfallen vom Pferd eher als das ausschließliche Festklammern mit dem Knie oder der Wade. (Siehe dazu auch das Kapitel „Mehr Einwirkung".)

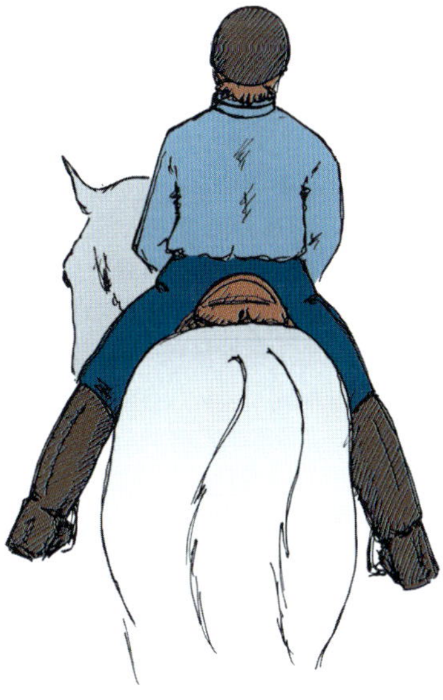

Bei klemmendem Knie ist der Kontakt mit dem Unterschenkel zum Pferdeleib nicht mehr möglich.

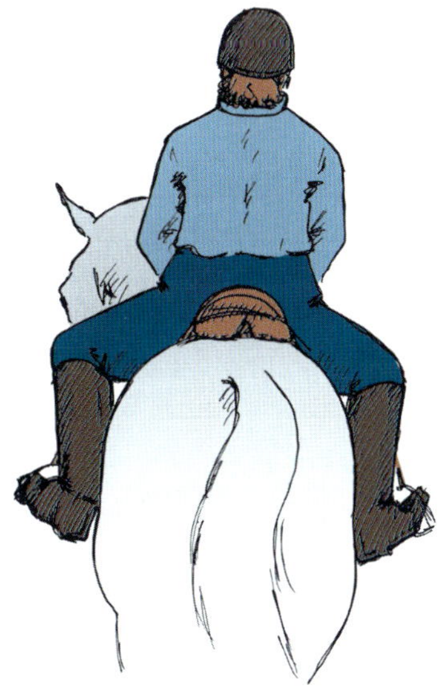

Bei klemmendem Unterschenkel öffnet sich das Knie automatisch.

19. Wie tief ist ein „tiefer Absatz“?

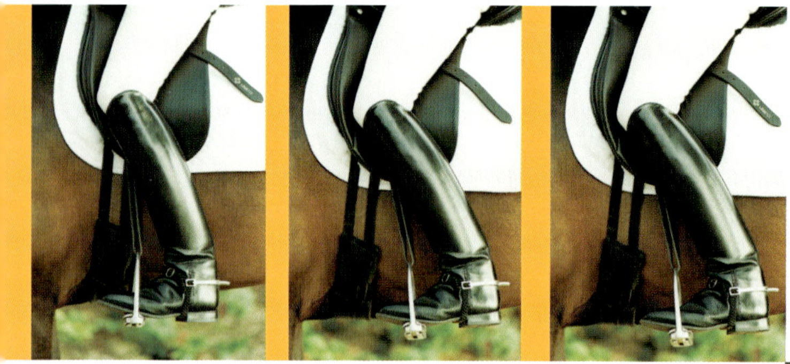

Korrekte Schenkellage für drei verschiedene Aufgaben: vorwärts treibend, vorwärts-seitwärts treibend und verwahrend

Der Absatz darf nur so tief getreten werden, dass das Sprunggelenk (Fußgelenk) des Reiters weiter Bewegung in beide Richtungen ermöglicht und die Beinmuskeln leicht angespannt sind. Zu feste Anspannung kostet Flexibilität, und eine zu feste Wade fühlt nicht genug. Das gilt sowohl für den langen als auch für den kurzen Bügel. Der Bügel sitzt unter dem Fußballen und bietet dem Fuß damit einen Druckpunkt. Ein hochgezogener Absatz bewirkt das Gegenteil. Die Muskulatur des Schenkels ist schlaff; die treibende Einwirkung dadurch reduziert.

Falsch: Der Absatz ist zu tief, Sprung- und Kniegelenk sind dadurch festgestellt. Der Bügel ist zu weit hinten aufgenommen. Der Unterschenkel zu weit vorn plaziert, um den Reiter ausbalancierter sitzen und einwirken zu lassen.

Übungstipp:

Probieren geht über Studieren. Vom entspannt baumelnden zum übermäßig fest angespannten Schenkel variieren. Dabei auf die entspannt mitschwingende Hüfte achten und allmählich den Absatz weiter durchfedern. So findet man die ideale Anspannung und damit auch den tiefsten Punkt für den Absatz.

Achtung!

Das Kommando „Absatz tief“ bewirkt oft Übertreibung. In dem Fall ist es ratsam, die Bewegungsvorstellung zu verändern: Die Fußspitze anheben und nicht den Absatz heruntertreten.

Lesehinweis:
Kapitel III: Frage 1

20. Ich habe eine so genannte „Problemfigur": klein und nicht ganz dünn, meine Beine sind eher kurz. Kann ich trotzdem Reiten lernen?

Reiten lernen kann man mit fast jeder Figur. Es gibt viele Beispiele von figürlich eher weniger geeigneten Reitern, die trotzdem große Erfolge vorweisen können. Entscheidender als ein schlanker Wuchs mit langen Beinen sind Gefühl für die Bewegung und das passende Pferd, das in Größe und Kaliber für seinen Reiter geeignet ist. Bewegungsgefühl wird vom Talent des Reiters gefördert. Einen großen Teil kann und muss man sich aber erarbeiten. Der Wille zum Reitenlernen ist eher ausschlaggebend als ein perfektes Gardemaß.

Das feste Hüftgelenk bewirkt hochgezogene Knie und Absätze. Ein ausbalancierter Sitz macht Sporen und Gerte oft überflüssig. Das Pferd wird effektiver aus dem Sitz geritten.

Übungstipp:

Reiter mit Problemfiguren müssen ihr Bewegungsgefühl besonders intensiv schulen. Dann haben auch sie wirkliche Freude am Reiten. Jedes Pferd hat einen unterschiedlichen Bewegungsablauf. Das Gefühl dafür sensibilisiert der am besten, der möglichst viele verschiedene Pferde reitet. Das schafft dem Bewegungsgefühl ein breites Repertoire. Übergänge, Wendungen und Tempounterschiede schulen das Bewegungsgefühl in besonderer Weise.

21. Ich habe unruhige Unterschenkel und rutsche beim Aussitzen ständig aus dem Bügel.

Unruhe im Unterschenkel ist ein Symptom, aber kurieren kann man nur die Ursache, die im Regelfall im festgestellten Hüftgelenk liegt. Je elastischer der Reiter in der Hüfte mit der Bewegung des Pferdes mitschwingt und je mehr Gefühl er für die Lage des Unterschenkels entwickelt, desto ruhiger wird der Sitz insgesamt. Dann gelingt es auch besser, den Bügel unter dem Fuß zu behalten.

Übungstipp:

Auf einem angenehm zu sitzenden Pferd Sitzübungen an der Longe absolvieren – zunächst ohne Bügel und dann mit unterschiedlichen Bügellängen. Hier in allen drei Gangarten auf den anatomischen Zusammenhang zwischen dem elastisch mitschwingenden Hüftgelenk und dem ruhigen Unterschenkel achten. Bewusst mit den Unterschenkeln am Gurt zu treiben, stabilisiert den Sitz.

Lesehinweis:
Kapitel III, Frage 1

22. Mit welchen Übungen kann ich zu Hause an meinem Sitz arbeiten, um tiefer zu sitzen und die Schenkel ruhiger zu halten?

Das Grundprinzip von Balance sowie ein- und beidseitiger Belastung kann man sicherlich zu Hause auf einem Stuhl oder einer Sessellehne üben. Aber auf dem Pferd zu lernen, ist aussichtsreicher. Es ist sinnvoll, auf einem Pferd den Lernprozess in kleine Schritte zu zerlegen, zunächst an der Longe und dann schließlich beim freien Reiten. Wenn die Bewegungsabläufe sinnvoll unterteilt sind, lässt sich alles lernen – aber man braucht ein Pferd dazu. So wie ein Skifahrer den Schnee benötigt, geht es eben nicht ohne Pferd, wenn man das Grundprinzip des Reitens erproben und verstehen will. Ideal ist ein ruhiges Pferd, das von sich aus vorwärts geht, im Rücken schwingt und sich mit Vertrauen an das Gebiss herandehnt. Je elastischer der Bewegungsablauf des Pferdes ist, desto besser lässt sich das tiefe Sitzen üben, bei gleichzeitig ruhiger Schenkellage.

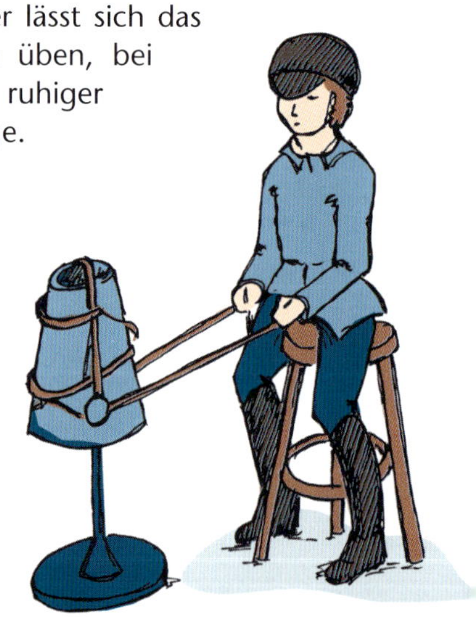

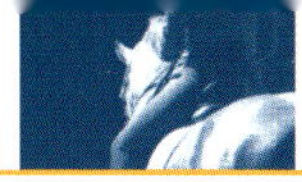

23. Ich habe eher Rückenprobleme als mein Pferd. Wie bleibt Reiten angenehm und wird auf Dauer nicht sogar gesundheitsgefährdend?

Grundsätzlich stärkt die gleichmäßige Bewegung des Pferderückens den Stütz- und Halteapparat des menschlichen Körpers. Deshalb empfehlen auch immer mehr Orthopäden das Reiten als Ausgleichssport. Rückenprobleme beim Reiten resultieren oft aus mangelnder Sitzschulung. Ein verkrampfter, festgehaltener Sitz ist das Resultat. Da Reiten wie jede ernsthaft betriebene Sportart keine Dauerwohlfühlsituation ist, gehören Rückenschmerzen leider für einzelne Berufsreiter zum Alltag. Rückenschmerzen dürfen aber auf keinen Fall zu einer ständigen Erscheinung werden. Die Schmerzen deuten auf eine Situation hin, die abgestellt werden muss. Ein eher entlastender Sitz schont den Rücken, und je geschmeidiger der Reiter zum Sitzen kommt, desto rückenschonender ist der Sport für den Reiter und sein Pferd.

Übungstipp:

Die Bügel etwas kürzer schnallen und tendenziell mit runderem Rücken sitzen. Die Schulterblätter werden zunächst etwas nach vorn geneigt, bevor der Sattel allmählich wieder stärker belastet wird. Rückenschonend reiten kann man nur auf einem Pferd, welches das auch zulässt. Daher muss auch die Rückentätigkeit des Pferdes besonders beachtet werden. Das geht am Anfang zunächst am einfachsten über beidseitig verschnallte seitliche Ausbindezügel oder den Dreieckszügel. Im Trab viel Leittraben. Hält das Pferd seinen Rücken fest, sofort wieder entlasten, unter Umständen sogar bis hin zu einem gar nicht mehr belastenden Sitz im Trab, wie ihn auch Distanzreiter oft zeigen. Das ist im Übrigen eine gute Balance-Übung für jeden Reiter, die ihm auch in anderen Zusammenhängen zugute kommt.

24. Welche gymnastischen Übungen auf dem Pferd tragen zur Verbesserung des Sitzes bei?

Die Gerte als Hilfsmittel für mehr Beweglichkeit. Sind Schulter und Hüfte locker, wird der gesamte Sitz geschmeidiger.

Alles was die Balance und eine allgemeine Geschmeidigkeit und Losgelassenheit fördert, ist geeignet für eine Verbesserung des Sitzes.

Übungstipp:

An der Longe oder als fortgeschrittenerer Reiter mit dem frei gehenden Pferd lassen sich eine ganze Serie von Übungen erarbeiten. Beispiele:

- *Einseitig oder beide Beine hochziehen bis unter das Kinn und wieder ganz lang strecken als Übung für das Gleichgewicht*
- *Drehen der Hüfte nach rechts und links für Balance und Geschmeidigkeit*
- *Abtauchen am Pferdehals vorne nach rechts und links als Kontrasterfahrung für gerades Sitzen*
- *Jonglierübungen für eine unabhängige Hand*
- *Armkreisen in verschiedene Richtungen, auch gegensätzlich, um den Schultergürtel zu lockern*
- *Kopf und Hals kreisen lassen und dabei fühlen, wie die unterschiedlichen Positionen den Körper lockerer machen oder versteifen*
- *Reiten mit einer Hand*

25. Immer wieder kommt die Reitsport-Industrie mit neuen Ideen, die den Sitz verbessern helfen sollen. Was ist von schrägen Steigbügeleinlagen zu halten oder Bügeln, die schräg in den Riemen aufgehängt werden? Sorgen solche Hilfsmittel wirklich für optimale Beinhaltung?

Manchen Reitern mögen diese neuen Erfindungen helfen. Für einen korrekten, balancierten und vor allem gefühlvollen Sitz sind sie nicht erforderlich. Ja, sie stellen in jedem Fall eine negative Beeinträchtigung dar. Für eine korrekte Schenkellage sind eine schräge Steigbügeleinlage und ein schräg verschnallter Bügelriemen nicht notwendig, ja sogar kontraproduktiv, weil die meist nach außen steilere Bügeleinlage den Unterschenkel des Reiters vom Pferd entfernt. Der Bügel muss in erster Linie schwer sein, damit er schneller zum Fuß zurückschwingt. In einen Bügel mit gerader Einlage findet man einen besseren Wiedereinstieg als in einen Bügel mit schräger Einlage.

Weniger ist mehr! Der Sattel soll möglichst dicht auf dem Rücken des Pferdes aufliegen. Die schräge Steigbügeleinlage schadet der Schenkellage des Reiters mehr, als dass sie ihr nützt.

IV. Mehr Einwirkung

„Vorwärts reiten, anhalten, nach rechts abwenden und nach links – das ist eigentlich schon alles, worauf es beim Reiten ankommt." So einfach stellt es der Spitzenreiter Andrew Hoy dar. Der Australier ist mehrfacher Olympiasieger und Gewinner vieler großer Prüfungen in der Vielseitigkeit. Hinter der Verfeinerung dieser Manöver liegt dann die Schwelle, wo das Reiten zum Können und schließlich zur Kunst wird. Ein Pferd ist ein Lebewesen – dem man Achtung und Liebe entgegenbringen muss! Aber: Es soll in jeder Situation rittig und für den Reiter kontrollierbar sein, damit der Reitsport nicht gefährlich wird und damit beide Beteiligten Freude haben: der Reiter und sein Pferd. In den Pferdebüchern und Reitlehren dieser Welt wird ausführlich das anzustrebende Ideal beschrieben. Ein Blick über unsere Reitplätze zeigt oft genug, dass die Wirklichkeit manchmal dahinter zurückbleibt. Mehr Einwirkung gewinnen – darauf zielen die Fragen in diesem Kapitel.

1. Mein Pferd geht nicht am Zügel. Was kann ich tun?

Ein Pferd an den Zügel reiten zu können, ist eine Schlüsselqualifikation, die im Laufe der reiterlichen Ausbildung sorgfältig erarbeitet werden muss. Viele Reiter glauben, dass das „richtige" Reiten erst anfängt, wenn ein Pferd „am Zügel" geht. Aber die Weichen für ein harmonisches Miteinander zwischen Reiter und Pferd werden schon viel eher gestellt. Sind diese Weichen nicht richtig gestellt, klappt es nicht mit dem An-den-Zügel-Reiten. Auch beim An-den-Zügel-Reiten gilt das Ausbildungsprinzip „vom Leichten zum Schweren". Dabei kann ein Hilfszügel unterstützen. Das ist kein Armutszeugnis für den Reiter, sondern, wie die Bezeichnung sagt, eine Hilfe, um ans Ziel zu kommen. Empfohlen sind der Dreieckszügel oder die beidseitig verschnallten Ausbindezügel, die im Laufe der Arbeit immer länger geschnallt werden, bis sie allmählich überflüssig sind. Ein sicher am Zügel gehendes Pferd vermittelt das „richtige Gefühl" am besten. Erst später sollte der lernende Reiter Pferde reiten, die hier Schwierigkeiten haben.

Übungstipp:

Auf gebogenen Linien reiten, Zirkelarbeit in allen Variationen und erst allmählich auf gerade Linien gehen. Ein Ausbilder, der von unten unterstützt, ist in dieser Phase ganz wichtig.

Achtung!

Auf keinen Fall mit den Händen vorherrschend einwirken. Nicht riegeln. Riegeln macht das Maul tot. Ein Pferd, das ständig gegen den Zügel geht, entwickelt falsche Bemuskelung an Hals und Rücken. Es stemmt sich auch mental gegen seinen Reiter und wird „sauer". Der Reiter selbst entwickelt ein falsches Gefühl für treibende und verhaltende Einwirkung.

2. Mein Pferd geht auf der rechten Hand schlecht am Zügel. Wie kann ich das ändern?

So wie es beim Menschen Rechts- und Linkshänder gibt, so hat auch fast jedes Pferd seine „schlechte“ und seine „Schokoladenseite“. Damit müssen wir uns als Reiter abfinden bzw. darauf einstellen. Ist immer dieselbe Seite fest? Wenn die Erscheinung wechselseitig auftritt, ist das schon positiv zu sehen. Die Ursache liegt aus reiterlicher Sicht fast immer darin, dass der innere Schenkel vom Pferd nicht gut genug angenommen wird. Der Reiter versucht oft, das durch zu starken Zügelzug mit der inneren Hand auszugleichen. Der Hals wird dabei zu stark abgestellt, sodass das Pferd sich nicht biegen kann. Manchmal ist auch ein schief sitzender Reiter das Problem.

Übungstipp:

Erst auf der „guten“ Seite arbeiten und danach auf der schwierigeren. Pferd und Reiter haben so die Chance, das positive Bewegungsgefühl „mitzunehmen“ und allmählich auch auf die schwächere Seite zu übertragen. Den geraden Sitz des Reiters im Spiegel kontrollieren und dabei nicht nur auf das Seitenbild achten, sondern den Reitlehrer auch von vorn oder hinten prüfen lassen, ob nicht unbeabsichtigt durch eine eingeknickte Hüfte die genau entgegengesetzte Gewichtshilfe gegeben wird.

Achtung!

Das Problem nicht überbewerten und als Anlass zu einer dauernden und sinnlosen Konfrontation mit dem Pferd nehmen. Stattdessen geduldig und konzentriert an den Grundlagen von Takt, Losgelassenheit und Anlehnung weiterarbeiten und das Pferd gymnastizieren.

3. Mein Pferd sucht keine Anlehnung. Wie bringe ich es dahin?

Die Anlehnung des Pferdes beginnt mit dem aktiven Hinterbein, das durch die reiterliche Einwirkung zu vermehrtem Engagement und vermehrter Gewichtsaufnahme angeregt werden soll. Die objektiv schwere Masse des Pferdes wird über den schwingenden Rücken subjektiv ganz leicht in das Maul des Pferdes „hineingefedert“. Der Reiter spürt dies, indem er in eine weich schwingende Bewegung „hineingezogen“ wird. Das Pferd dehnt sich mit seinem Hals an die Hand des Reiters heran. Es sucht das Gebiss und damit die Anlehnung. Anlehnung ist also mehr als nur die Verbindung zwischen Reiterhand und Pferdemaul. Um das Pferd in diese Form zu bringen, muss der Reiter mit beiden Schenkeln und den beidseitig belastenden Gewichtshilfen treiben, ohne dabei eiliger und hastig zu werden. Er muss mit der Hand abwarten. Mit einem Dreiecks- oder Ausbindezügel kann selbst ein lernender Reiter dem Pferd den Weg nach vorwärts-abwärts weisen, also in die Tiefe. Auch gefühlvolles Longieren mit einem richtig verschnallten Hilfszügel kann helfen. Der Reiter muss dem Pferd das Herantreten an die Hand nicht nur gestatten, vielmehr muss er ihm die Anlehnung angenehm machen und ihm „verdeutlichen", dass nur diese richtige Anlehnung sich gut anfühlt und damit ein Zustand ist, der angestrebt werden sollte. Eine feine, vom Sitz unabhängige Reiterhand, an die das Pferd vertrauensvoll herantritt, ist die entscheidende Voraussetzung dafür.

Übungstipp:

Viel auf gebogenen Linien mit der Tendenz nach vorwärts-abwärts reiten. Besonders darauf achten, dass das Pferd den Schenkel annimmt. Es darf weder „zäh" am Schenkel sein noch zu stürmisch werden. Ziel ist es, die Dehnungsbereitschaft des Pferdes an die Hand des Reiters zu verbessern.

Korrekt verschnallter Dreieckszügel

Achtung!

Manche Pferde sind von ihrem Gebäude her nicht ohne weiteres oder gar nicht in der Lage, in eine Anlehnung wie aus dem Lehrbuch zu kommen. Starke Ganaschen, ein kurzer Hals, ein sehr steiles Hinterbein können Schwierigkeiten bereiten. Das Erreichen der richtigen Anlehnung kann nur ein mittelfristiges Ausbildungsziel sein.

Man sollte dafür ungefähr ein Jahr Ausbildung rechnen, wenn wirklich im Sinne unserer Dressurausbildung vorgegangen wird. Pferde, die aufgrund ihres Gebäudes, ihrer Rasse, ihres Temperamentes oder aufgrund nachhaltig falscher Ausbildung nicht in der Lage sind, in korrekter Anlehnung zu gehen, sollten mit Hilfszügeln (Ausbinder oder Dreieckszügel, angemessen verschnallt, d.h. nicht zu kurz) geritten werden. Sie helfen, eine stete Verbindung zwischen Reiterhand und Pferdemaul zu schaffen.

Lesehinweis:
Kapitel V: Fragen 1, 3

Das macht wach: Frisch vorwärts galoppieren in der Gruppe im Gelände

4. Mein Pferd ist faul und triebig. Wie kann ich es motivieren?

Zunächst eine Gegenfrage: „Kennt" das Pferd die treibenden Hilfen? Wird die Schenkelhilfe vom Pferd nicht akzeptiert, muss die Gerte zu Hilfe genommen werden, und zwar einmal kurz und kräftig, nicht mit dauerndem „Anticken". Gegen starke Triebigkeit hilft das Ausnutzen des Herdentriebes und zur Steigerung der Motivation muss auch mal Abwechslung geboten werden. Auch Pferde kennen Langeweile.

Übungstipp:

Um das Pferd zu einer sofortigen Reaktion auf den Schenkel zu veranlassen, darf man auch mal einen ordentlichen Satz nach vorne riskieren (dabei unbedingt mit der Hand vorgehen und in der Bewegung des Pferdes mitkommen). Übergänge als Erfolgsrezept: zunächst vom Halten zum Schritt, dann vom Schritt zum Trab und schließlich vom Trab zum Galopp. Dabei muss das Pferd lernen, die vortreibenden Hilfen unmittelbar anzunehmen. Immer nur kurze Reprisen reiten, kein monotones Traben oder Galoppieren. Abwechslung bieten durch Lösungsarbeit im leichten Sitz, eventuell auch ein „Aufwecken" (mit anderen Reitern und Pferden zusammen) im Gelände.

Achtung!

Dauer-Einsatz von Sporen und Gerte sensibilisieren nicht, sondern stumpfen das Pferd ab. Wichtig ist, ein Pferd so auszubilden, dass es sich unter dem Reiter wohl fühlt. Dann wird es von selbst willig vorwärts gehen und „ziehen".

Lesehinweis:
Kapitel III, Frage 2

1.: *Vorwärts ist wichtiger als rückwärts.* *Das Vertrauen des Pferdes zur Reiterhand ist das Wichtigste.*

2.: *Ist ein Pferd triebig, so mangelt es nicht immer an den treibenden Hilfen. Oft hindert der Reiter unbewusst sein Pferd am frischen Vorwärtsgehen durch mangelnde Elastizität im Sitz und mit seiner festen Hand. Er verleidet dem Pferd damit die Freude am Vorwärtsgehen.*

5. Mein Pferd läuft mir weg. Wie kann ich es besser halten?

Typische „Angsthaltung" auf einem eiligen Pferd: Die Reiterin fällt vornüber, „zieht" am Zügel und streckt die Schenkel weg. Das Pferd eilt unter ihr davon. (Foto gestellt)

Gerade ein heftiges Pferd muss man von hinten nach vorne treiben, damit man den Zügel annehmen kann. Das klingt paradox, ist es aber nicht. Damit der Reiter zum Treiben kommt, muss der Unterschenkel am Pferd mitatmend anliegen. Das sollte man auch gelegentlich im Spiegel kontrollieren. Instinktiv neigt der Reiter dazu, auf einem heftigen Pferd die Unterschenkel wegzustrecken. Mit etwas kürzeren Bügeln gelingt es leichter, den Pferdeleib mit den Unterschenkeln zu fühlen.

Übungstipp:

Mit den Unterschenkeln am Pferdeleib vorsichtig auf- und abstreichen. Das beruhigt und macht fleißige Pferde gelassener. Schenkelweichen zunächst im Schritt und dann im Trab, um das Pferd an den einseitig treibenden Schenkel zu gewöhnen. Das ist die Vorbereitung auf den vortreibenden Schenkel.

Achtung!

Ein zu kurzer, fest anstehender Zügel vermittelt dem Pferd das Gefühl einer „Zwangsjacke", gegen die es sich mit Heftigkeit zur Wehr zu setzen sucht. Der Fluchttrieb des Pferdes wird dadurch herausgefordert. Er entlädt sich im Wegeilen.

6. Mein Pferd buckelt. Wie kann ich das verhindern?

Das Pferd ist ein Fluchttier und Galopp häufig seine liebste Gangart. Der Reiter muss bereit sein, auch mal fröhlich, forsch voranzureiten und seine Angst zu überwinden. Auf keinen Fall aus Angst beim ersten Buckler sofort versuchen, mit dem Zügel rückwärts zu wirken und das Pferd zurückhalten zu wollen. Buckeln kann zwei verschiedene Ursachen haben: Übermut oder Frustration und daraus folgend dann jeweils die „Entladung". Buckeln ist bis auf wenige Ausnahmen nie als Angriff gegen den Reiter gemeint. Dem Buckeln begegnet man am sichersten im leicht entlastenden Dressursitz, bei dem das Gesäß am Sattel bleibt. Dabei müssen die vortreibenden Schenkelhilfen energisch eingesetzt werden. Nicht beim Buckeln im übertrieben leichten Sitz reiten. Das Genick des Pferdes immer oben behalten.

Übungstipp:

Tempounterschiede fordern. Generell etwas höheres Tempo reiten als das Pferd anbietet. (Ein Pferd auf der Rennbahn im Speed buckelt nie.)

Achtung!

Nicht nach Stehtagen sofort ins Gelände gehen, sondern erst, wenn das Pferd auf einem großen Außenplatz unter Kontrolle des Reiters ist. Niemals (!) im Galopp zum Stall zurückreiten.

7. Mein Pferd scheut häufig und springt mir unkontrolliert weg.

Das Pferd ist ein Fluchttier und wird von seiner Natur her immer instinktiv zunächst weglaufen wollen, anstatt sich einer Gefahr auszusetzen. Überlegt herantasten an das Problem und im Zweifelsfall den Herdentrieb ausnutzen und mit einem sicheren Führpferd an der „Gefahr" vorbeikommen. Schenkelweichen oder später Schulterherein mit Abstellung des Pferdes weg von der „Gefahr" sorgen für Abhilfe. Mit zunehmendem allgemeinem Gehorsam lässt meistens ein übermäßiges Scheuen nach. Einige Pferde werden dazu immer mehr neigen als andere. Dressurmäßige Arbeit ist das beste Sicherheitstraining.

Achtung!

Auf keinen Fall das Pferd für sein Scheuen bestrafen, damit keine zusätzlichen negativen Assoziationen geknüpft werden. Bei ängstlichen Pferden muss der Reiter besonders selbstbewusst auftreten – auch wenn ihm vielleicht gar nicht danach ist.

Geduld und Ausdauer *sind sehr wichtige Eigenschaften im Umgang mit Pferden. Aber zu viel Nachsicht kann manchmal von Pferden als Unentschlossenheit und Unsicherheit ausgelegt und ausgenutzt werden. Dann werden Reiterhilfen ignoriert. Pferde sind in dieser Hinsicht wie Kinder, die testen, ob eine Anweisung auch wirklich ernst gemeint ist. Besonders das lernende oder wie in diesem Falle, scheuende Pferd braucht deshalb einen entschlossenen und sicheren Reiter.*

8. Mein junges Pferd scheut an einer bestimmten Stelle auf dem Reitplatz. Wie kriege ich es an dem „Hindernis“ vorbei, obwohl es Kreuz- und Schenkelhilfen noch gar nicht kennt?

Auf der „sicheren Seite“ des Reitplatzes zu bleiben, ist zunächst ein diplomatischer Anfang, d.h. auf dem dritten oder gar vierten Hufschlag an der „Gefahrenquelle“ vorbeireiten und sich ihr ganz langsam und allmählich im Rahmen der gewohnten Arbeit annähern.

Über Verspannungen oder Scheuen zunächst hinwegreiten und keine Notiz davon nehmen. Häufig wird das Pferd schon nervös, weil es weiß, dass es an dieser bestimmten Stelle auf dem Reitplatz immer besonders stark angefasst oder gar bestraft wird. „Schenkelgehorsam“ ist im Schritt eine der ersten Anforderungen, die mit einem jungen Pferd zu erarbeiten sind. Wird die Schenkelhilfe des Reiters vom Pferd akzeptiert, so wird es möglich sein, an der „Gefahrenquelle“, der Problemzone, vorbeizureiten.

Übungstipp:

Im Schritt und später im Trab an der markanten Stelle vorbeireiten und eventuell ein Führpferd vorweg gehen lassen. Im Verlauf der weiteren Ausbildung dabei schenkelweichartige Hilfen geben, wobei der Kopf des Pferdes von der gefürchteten Seite abgestellt wird. Häufiges Loben verbessert das Vertrauen zwischen Reiter und Pferd. Auch kleine Erfolge dürfen belohnt werden.

9. Mein Pferd ist extrem bodenscheu, vor allem im Gelände. Die Stute sieht überall „bedrohliche Kampf-Ameisen“. Sie entzieht sich meiner Kontrolle aus Gründen, die ich einfach nicht nachvollziehen kann.

Gerade sensible und besonders vorsichtige Pferde sind oftmals bodenscheu. Sie nehmen jeden Schatten und jede Bodenwelle wahr. Das ist vom Grundsatz her sogar positiv und kein Ungehorsam, auch wenn es den Reiter in arge Nöte bringen kann. Abhilfe bringt hier nur wachsendes Vertrauen zwischen Pferd und Reiter und weitere Verbesserung des dressurmäßigen Gehorsams.

Übungstipp:

Zunächst mit einem sicheren Begleitpferd die bedrohlichen Situationen üben. Dabei ist es besonders hilfreich, wenn das scheuende Pferd neben dem Begleiter geritten wird und nicht einfach nur „hinterherzockelt“.

Achtung!

Damit sich die naturgegebene Vorsicht des Pferdes nicht mit bestimmten Anlässen zum Scheuen negativ verknüpft, darf das Pferd auf keinen Fall bestraft werden. Ruhe bewahren und weiterreiten, als wenn nichts gewesen wäre – auch wenn's schwer fällt.

Das Gesichtsfeld des Pferdes unterscheidet sich von dem des Menschen und es nimmt deshalb viele Dinge ganz anders wahr als sein Reiter.

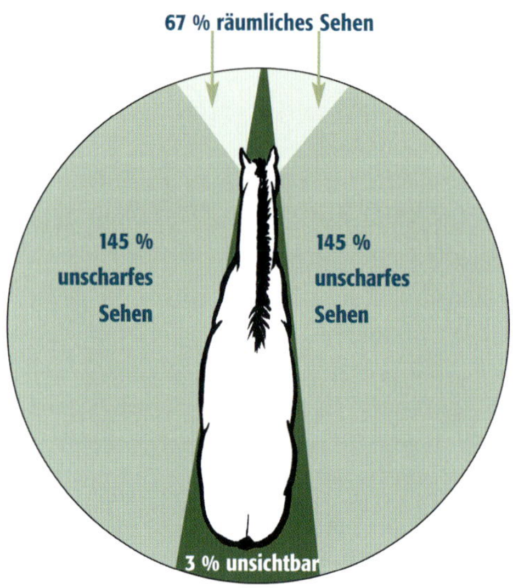

Gesichtsfeld allgemein und am Sprung

10. Mein Pferd hat einen starken Fluchtinstinkt, vor allem als Reaktion auf laute Geräusche. Das hat mich schon manches Mal in bedrohliche Situationen gebracht, wenn ich mit dem Pferd unterwegs zum Reitplatz bin.

Flucht als Reaktion auf akustische Reize ist eine nicht untypische Reaktion beim Fluchttier Pferd. Dagegen hilft nur ein ganz besonders sicherer Sitz des Reiters und gutes Zureden. Möglichst immer mit einem zweiten Pferd zum Platz reiten. Das senkt bei einem ängstlichen Pferd oft die Reizschwelle. Für den Sicherheitsaspekt von Reiter und Pferd ist dies besonders wichtig.

Übungstipp:

Auf das Weglaufen nicht mit harten Zügelhilfen reagieren, sondern das Pferd, so weit gefahrlos möglich, einige Meter galoppieren lassen und dann mit Hilfe der beruhigenden Stimme parieren. Wenn es die Umgebung zulässt, nimmt man dazu das Pferd am besten auf einen Kreisbogen. Dabei lässt sich das Pferd am ehesten wieder im Tempo regulieren.

Achtung!

Ein- oder zweimal Üben wird nicht ausreichen. Der Reiter muss sich hier auf einen langwierigen Lernprozess seines Pferdes einstellen. Kleiner Trost. Mit zunehmendem Alter werden die meisten schreckhaften Pferde ruhiger.

11. Mein Pferd reagiert nicht auf meinen Schenkel. Wie kann ich bessere Akzeptanz erreichen?

Oft hat man es hier mit einem Fehler des Reiters zu tun. Vielleicht hat der Reiter ganz unbewusst die Hand zu stark eingesetzt und hält vorne am Zügel zu fest?

Übungstipp:

Durchparieren zum Halten und daraus im Schritt anreiten. Das übt man so lange, bis ein ganz leichtes Muskelanspannen genügt, um das Pferd in Bewegung zu setzen. Zunächst die vortreibenden Hilfen energisch einsetzen, so dass das Pferd lernt, diese zu akzeptieren. Diese Art der Hilfengebung nach und nach reduzieren, um allmählich eine feinere, dezentere Einwirkung zu erreichen.

Achtung!

Dauerndes Treiben mit den Sporen stumpft das Pferd ab. Besser einmal energisch den Schenkel einsetzen als ständig ohne echte Wirkung. Lässt die Wirkung dann nach, muss das Pferd wieder kräftig an das Vorwärtsgehen erinnert werden.

Lesehinweis:
Kapitel III: Fragen 2, 3

12. Mein Pferd lässt sich nicht kontrollieren und nimmt die Zügelhilfe nicht an.

Zügelhilfen sind immer abhängig von Schenkel- und Gewichtshilfen. Wenn das Pferd die Schenkelhilfe nicht akzeptiert oder die Schenkelhilfen ganz fehlen, geht es auch auf die Zügelhilfe nicht ein. Hier ist auch kritische Selbstanalyse gefragt. Sitze ich ausbalanciert genug? „Ziehe" ich unbewusst am Zügel?

Übungstipp:

Einen Halteriemen am Sattel befestigen und beim Reiten mit dem kleinen Finger einer Hand einhaken, um die Zügelhaltung zu kontrollieren. Dazu muss der Halteriemen etwas länger sein als der übliche bekannte „Angstriemen", damit die Hand noch an der richtigen Stelle getragen wird. Häufiges Reiten mit einer Hand kann hier helfen.

Achtung!

Die Zügelhilfen sind nur das Gegenüber für die Gewichts- und Schenkelhilfen. Sie dürfen auf keinen Fall dominieren.

Lesehinweis:
Kapitel III: Fragen 2, 3

13. Mein Pferd biegt sich überhaupt nicht. Wie kann ich meine Einwirkung verbessern?

Korrekte Biegung ist bereits ein hohes Ziel. Gebogene Linien zunächst möglichst groß anlegen und die Ecken der Bahn flach halten, dabei pedantisch auf den inneren Zügel achten, der oft instinktiv stark angenommen wird. Stattdessen annehmen und wieder nachgeben, eventuell auch seitwärts weisen.

Übungstipp:

Biegen nur mit Hilfe von Gewicht und Schenkeln. Ganz betont den inneren Bügel stärker belasten – ohne dabei in der inneren Hüfte einzuknicken und zu einer Seite herunterzurutschen. Mittig sitzen bleiben und versuchen, das Pferd um den inneren Schenkel zu biegen. Der innere Zügel spielt dabei eine bewusst untergeordnete Rolle.

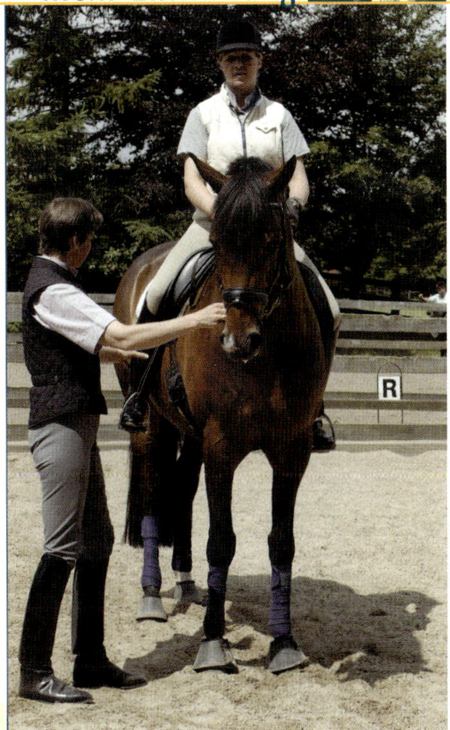

Ein einfühlsamer Reitlehrer hilft beim Entwickeln des richtigen Gefühls für Stellen und Biegen.

Achtung!

Beim Lernprozess von Pferd und Reiter bewusst mit dem inneren Schenkel an die äußere Hand heranreiten. Die Biegung muss über den korrekten Einsatz des inneren Schenkels erarbeitet werden. Der äußere verwahrende Schenkel sichert dann allmählich eine bessere Längsbiegung. Die Ecken der Reitbahn bilden die ideale Trainingsgelegenheit für verbesserte Biegung – jede Ecke ist eine Viertel-Volte.

Die „Führung" des Pferdes erfolgt über den inneren Schenkel und den äußeren Zügel!

14. Mein Pferd lässt sich kaum stellen und biegen und liegt mir schwer auf der Hand.

Pferde im Rechteckformat haben oft Probleme, „sich selbst" zu tragen und sich dabei korrekt stellen und biegen zu lassen.

Damit man weiß, ob man es eher mit einem Ausbildungsproblem oder angeborenen Schwierigkeiten zu tun hat, sollte man das Pferd in der Bahn ohne Reiter beobachten. Geht es dann leichtfüßig mit Bergauf-Tendenz oder in sich festgehalten und steifer? Stets ist es das Ziel, die Hinterbeine zu aktivieren, um vermehrtes Abfußen zu erreichen. Ist der Reiter hier erfolgreich, wird sich das Pferd nicht mehr so stark auf die Hand legen. Dies ist der erste wichtige Schritt, der gelingen muss. Danach wird es für den Reiter einfacher bzw. überhaupt erst möglich sein, sein Pferd zu stellen und zu biegen.

Übungstipp:

Viele Übergänge, bei denen im Notfall mal die Gerte kurz eingesetzt werden darf. Schenkelhilfen dosiert, aber effektiv einsetzen. Auch ein freundschaftlicher „Kick" mit dem Sporen ist erlaubt. Auf großem Platz „Achten" reiten.

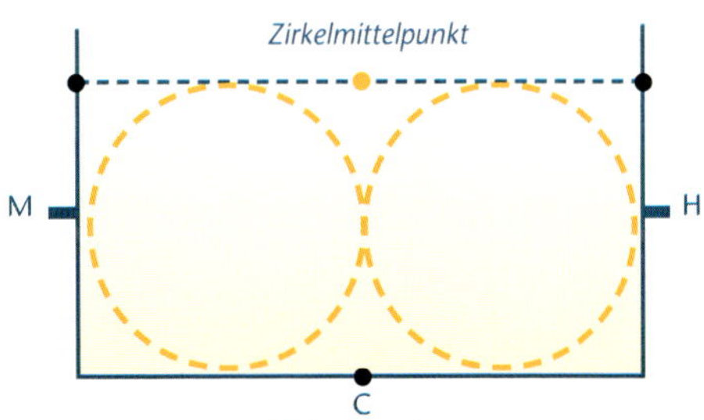

Reiten einer kleiner Acht, bestehend aus zwei 10-m-Volten

15. Mein Pferd „klemmt“ und nimmt meine treibenden Hilfen kaum an.

„Klemmen“ muss man rechtzeitig erkennen und nach vorne ausgleichen über treibende Hilfen. Viele Reiter halten sich am Zügel fest. Sie sitzen nicht ausbalanciert, nicht unabhängig von der Hand. Das „klemmende“ Pferd muss wieder sensibel auf die Schenkelhilfe reagieren. Dazu den Schenkel „kurz und knackig“ einsetzen, ggf. unterstützt vom Sporen. Auch die Gerte wird bei Bedarf kurz und energisch gebraucht – hinter dem Unterschenkel. (Vorsicht, dass die Hand in diesem Moment nicht zurückwirkt.) Auf die Hilfe muss das Pferd sofort nach vorne gehen. Diesen Respekt muss der Reiter unbedingt einfordern. Ständiges Vorwärtstreiben oder Reiten über dem angemessenen Tempo stumpfen das Pferd ab. Kurze Arbeitsphasen und Pausen, in denen das Pferd wirklich in Ruhe gelassen wird, sind empfehlenswert.

Übungstipp:

Betont treiben und vorwärts reiten, ohne mit der Hand zu weit vorzugehen. Unter Umständen einen anderen Reiter bitten, das Pferd einige Male zu reiten, damit er dem Pferd sensibel die treibenden Hilfen vermittelt. Im leichten Sitz im Gelände kantern. Dabei öfter frisches Vorwärtsgaloppieren fordern.

> *Nur ein Pferd, das von sich aus „zieht“, lässt sich reiterlich weiterfördern.* !

16. Mein Pferd galoppiert bei mir schlecht an.

Vor das Galoppieren hat die Reitlehre für die meisten Pferde den Trab gestellt. Ob ein Pferd kontrolliert angaloppieren wird, zeigt sich schon vorher in der Trabarbeit. Das Pferd muss sich im Trab auch mit langem Zügel im gesicherten Takt und richtigen Tempo wie bisher bewegen, sonst sind die Schwierigkeiten beim Angaloppieren auch in Zukunft weiter vorprogrammiert.

Übungstipp:

Das ruhige Gehen des Pferdes stabilisieren durch Übergänge vom Trab zum Schritt und umgekehrt. Wenn die Kontrolle in Schritt und Trab gegeben ist, beginnt der Reiter auf gebogener Linie von der offenen Zirkelseite auf die geschlossene Seite (Bande) mit der Hilfe zum Angaloppieren. Soll die Übung gelingen, muss der Reiter das Gefühl haben, dass sein Pferd sich stellen lässt und um den inneren Schenkel biegt. Ist das nicht der Fall, wird das Pferd verkehrt oder gar nicht angaloppieren. Als sinnvolle Vor-

übungen bieten sich das Schenkelweichen und Vorhandwendungen an. Hier wird die einseitige Hilfengebung, die für das Angaloppieren so wichtig ist, geübt bzw. verbessert.

Achtung!

Fehler beim Angaloppieren nicht als Kampfansage des Pferdes gegenüber dem Reiter auffassen und verbohrt weiterüben. Erst einen Augenblick innehalten. Wer denkt: „Gleich springt er/sie wieder falsch an", erlebt schnell eine sich prompt erfüllende Prophezeiung. Niemals versuchen, das Pferd über einen immer schnelleren Trab in den Galopp hineinzureiten. Falls das Pferd im Trab bleibt, durchparieren zum kontrollierten Tempo im Trab und erneut aus der Ruhe die Hilfen ansetzen. Selbstkritisch überprüfen, ob die Koordination der Hilfen wirklich korrekt ist. Beim Angaloppieren kommt es ganz besonders auf die Feinabstimmung bei der Hilfengebung des Reiters an.

17. Mein Pferd „klebt" und nimmt meine treibende Hilfe nicht an.

Das Kleben ist oft die Vorstufe zum Steigen, und da kommt man ohne professionelle Hilfe häufig nicht weiter. Wo klebt das Pferd? Falls das direkt beim Wegreiten am Stall passiert, ist die Gefahr besonders groß, und man sollte unbedingt einen erfahrenen Reiter zu Rate ziehen.

Übungstipp:

Mit Führpferd arbeiten und die allgemeine Rittigkeit verbessern. Das Pferd muss sicher an den treibenden Hilfen des Reiters sein. Ist das nicht gewährleistet, wird das Kleben nicht zu beheben sein.

Achtung!

Üben nur auf sicherem Untergrund und unter „günstigen" Umständen, d.h. nicht ausgerechnet zur Futterzeit versuchen, allein vom Stall wegzureiten.

Gemeinsam sind wir stark.

18. Mein Pferd bleibt nicht im Galopp und fällt mir oft schon nach wenigen Sprüngen wieder in den Trab.

Zunächst kontrollieren, ob der Reiter in der Hand leicht genug ist. Denn manches Mal „zieht" der Reiter ganz unbewusst am Zügel in dem Bemühen, einen kontrollierten oder gar versammelten (oftmals leider nur verlangsamten) Galopp zu reiten, ohne dabei auch genügend zu treiben. Der Galopp ist eine schwunghafte Gangart. Deshalb muss in dieser Gangart zunächst nach vorne geritten werden. Der Reiter muss sich das Vorwärtsreiten zutrauen, Mut dazu haben bzw. diesen durch häufiges Üben entwickeln.

Übungstipp:

Zunächst mit der „Schokoladenseite" anfangen und auf dieser galoppieren. Danach erst die schlechtere Seite vornehmen. Gebogene Linien nicht zu eng anlegen. Deutlich die innere Hand vorgeben, damit das Vorderbein ausgreifen und vor allem das innere Hinterbein unter den Schwerpunkt springen kann. Zunächst muss man darauf achten, trotz nachgebender Zügelhilfen doch eine konstante Verbindung zum Pferdemaul aufzubauen, um das Pferd bei diesen Übungen nicht zu sehr auseinander fallen zu lassen. In einem späteren Stadium kann man durch häufiges Überstreichen mit dem inneren oder später beiden Zügeln die Balance von Reiter und Pferd überprüfen. Hierdurch lässt sich aber auch das Vertrauen zwischen Reiter und Pferd verbessern. Dies ist eine wichtige Vorraussetzung für die weitere gemeinsame Arbeit.

Achtung!

Nicht die gleichmäßige Verbindung zum Pferdemaul aufgeben.

Überstreichen im Galopp: gute Balanceübung für Reiter und Pferd. Das Pferd löst die Aufgabe in diesem Moment besser als der Reiter, der den Sitz nicht optimal beibehält, weil der Schenkel nach hinten rutscht.

19. Meine Stute will im Gelände nur galoppieren, aber im Viereck überhaupt nicht.

Mein Pferd, das selbstbestimmte Wesen? Die Freude am kontrollierten Reiten erarbeitet man auf dem Viereck. Ein Pferd, das nur aus eigenem Antrieb galoppiert, ist unter Umständen für den Reiter sogar gefährlich. Daher der dringende Appell: Dressurarbeit zunächst in der Halle oder auf einem großen Platz zu beginnen. Ziel der Arbeit ist es, dem Pferd die Hilfe zum Angaloppieren klar zu machen.

Übungstipp:

Übergänge üben, und zwar zunächst zwischen Schritt und Trab und danach erst zwischen Trab und Galopp. Dabei zunächst auf gebogenen Linien (Zirkeln) reiten und in ruhigem, gleichmäßigem Tempo bleiben. Dem Pferd muss die Hilfe zum Angaloppieren vermittelt werden. Das gelingt am besten durch einen erfahrenen Reiter. Ein unerfahrener Reiter sollte zunächst auf einem gut ausgebildeten Pferd lernen, wie die Hilfe für den Galopp richtig gegeben wird. Dann lässt sich diese Erkenntnis auch auf ein weniger erfahrenes Pferd übertragen.

20. Meine Stute buckelt beim Angaloppieren, wenn ich sie vorne annehme und von hinten treibe. Wenn ich sie vorne länger lasse, rennt sie, und wenn ich sie dann wieder aufnehme, fällt sie in schnellen Trab. Wie kann ich sie aber in einem ruhigen Galopp reiten?

Um das Buckeln abzustellen, sollte die ausgiebige Lösungsarbeit zuerst im Trab erfolgen, um danach die Galopparbeit zu beginnen. Das „Rezept" Annehmen und Treiben ist richtig, aber die Reihenfolge muss umgedreht lauten: Zunächst das Pferd in den Galopp lassen und erst dann an Annehmen denken, wobei das Annehmen in erster Linie mit gleichmäßigem Einsatz der treibenden Schenkel unterstützt werden muss. Ziel: „Easy" nach vorne reiten und nicht jedes Vorwärtsgaloppieren versuchen zu verhindern. Stattdessen auf eine gebogene Linie abwenden. Dabei die vortreibenden Hilfen einsetzen und mit der Stimme beruhigen.

Achtung!

Den leichten Sitz vermehrt üben und zumindest zuerst im entlastenden Dressursitz beginnen, um die Rückentätigkeit des Pferdes zu ermöglichen und selbst balanciert und vor allem unabhängig von der Hand zu sitzen.

21. Meine 15-jährige Stute taucht im Galopp immer ab, nimmt den Kopf zwischen die Beine und wird schneller. Auch kleine Paraden außen zeigen keine Wirkung, ihr Benehmen wird eher schlechter.

„Bergauf" galoppieren: Das Pferd springt mit der Hinterhand gut durch.

Vielleicht ist das im Eifer der Erarbeitung des Galopps etwas in Vergessenheit geraten: Die Paraden sind nicht nur Zügelhilfen, sondern das Zusammenwirken mit Gewicht und Schenkel. Wenn die Paraden auch mit treibenden Gewichts- und Schenkelhilfen immer noch ein „eher schlechtes" Ergebnis zeigen, dann muss man durchparieren, tief durchatmen und erneut beginnen. In dem Falle sollte zunächst die Kontrolle im Schritt und vor allem im Trab hergestellt werden. Erst muss der Reiter im Trab zum Treiben kommen, bevor er wieder angaloppiert.

Übungstipp:

Übergänge üben, zunächst vom Trab zum Schritt, dann vom Galopp in den Trab. Dabei darauf achten, dass der Reiter mit tiefer Hand deutlich in den Übergang „hineintreibt", sich dabei von der Bewegung des Pferdes mitnehmen lässt und geschmeidig mit dem Gesäß am Sattel bleibt.

22. Mein Pferd galoppiert bei mir oft falsch an, besonders auf der linken Hand.

Das Problem liegt hier meistens am nicht voll akzeptierten inneren Schenkel. Zur Korrektur bewusst mit dem inneren Schenkel reiten und schon vor dem Angaloppieren – auf dem Zirkel – im Trab eine leichte Form der Biegung mit sicherer Stellung suchen. Wichtig ist hier aber auch die Begrenzung durch den äußeren Zügel. Der Reiter muss bereits vor dem Angaloppieren das Gefühl haben, dass das Pferd kontrolliert nach vorne in den Galopp anspringen wird.

Übungstipp:

Viele Tempo-Unterschiede im Trab üben, und zwar durch vermehrtes und vermindertes Treiben, auf keinen Fall durch eine vorherrschende Handeinwirkung. Auch das Schenkelweichen ist eine gute Vorbereitung für das Angaloppieren.

Achtung!

Nur aus kontrolliertem Fluss nach vorn, aus dem Trab heraus, gelingt das richtige Angaloppieren.

23. Meine junge Halbblutstute galoppiert häufig im Kreuzgalopp. Sie galoppiert richtig an und springt dann um. Wie kann ich das verhindern?

Schwierigkeiten in der Balance sind meist Ursache für den Kreuzgalopp. Ein losgelassener Sitz unabhängig von der Hand ist hier besonders wichtig. „Besser reiten" bedeutet in diesem Fall eine deutliche Gymnastizierung des Pferdes. Die Balance des Pferdes beim Freilaufen beobachten. Je besser das Pferd geritten wurde, desto besser und ausbalancierter galoppiert es auch ohne Reiter. Auf der steiferen Seite wird ein Pferd immer eher in den Kreuzgalopp umspringen als auf der geschmeidigeren.

Übungstipp:

Mit kürzeren Bügeln deutlich im leichten Sitz entlasten. Darauf achten, dass das Pferd geschmeidig „über den Rücken" durchspringt. Falls das Pferd umspringt, durchparieren – dabei die Stimme einsetzen – und neu angaloppieren. Eventuell erst Schritt reiten, damit das nicht ausbalancierte Pferd sich wieder entspannen und konzentrieren kann.

➜

Achtung!

→ *Genügend Halsdehnung zulassen. Der Hals ist die Balancierstange des Pferdes. Auf keinen Fall darf der Reiter sein Pferd für ein Umspringen in den Kreuzgalopp strafen. Dieser Fehler ist kein Ungehorsam, sondern meist ein Problem, das auf mangelnde Gymnastizierung des Pferdes und zu wenig Balance zurückzuführen ist.*

Lesehinweis:
Kapitel VI: Fragen 1, 2, 3

24. Mein Welsh-Pony-Wallach, den ich mit Schlaufzügeln Dressur reite, biegt sich nur schlecht nach links und guckt immer mit dem Kopf nach außen. Dadurch galoppiert er auch im Außengalopp an. Was kann ich tun, damit er auf beiden Seiten biegsam wird und auf der richtigen Hand galoppiert?

Generell stellt die Arbeit mit dem Schlaufzügel keine Problemlösung dar, wie die Schilderung dieses Problems deutlich beweist. Der Schlaufzügel gibt hier nicht genügend nach und das Pferd hat dadurch Schwierigkeiten, bei guter Halsdehnung in die Balance zu kommen. Deshalb entstehen die Fehler beim Angaloppieren. Das Reiten mit Schlaufzügeln erfordert einen erfahrenen Reiter, der diesen dosiert und sehr gefühlvoll einsetzt. Ein erfahrener Reiter wird das geschilderte Problem sicher ohne Schlaufzügel lösen.

Übungstipp:

Den Schlaufzügel gegen einen Dreieckszügel austauschen und zunächst auf großen gebogenen Linien (Zirkeln) arbeiten. Dann jede Ecke sorgfältig als Viertelvolte ausreiten. Dabei nicht vergessen, mit dem inneren Schenkel an den äußeren Zügel heranzutreiben. Gelingt dies problemlos im Schritt und Trab und lässt das Pferd sich vertrauensvoll nach links und rechts stellen, wird das Pferd problemlos angaloppieren. Wichtig ist, dass äußerer Schenkel und Zügel dabei in erster Linie verwahrend, also begrenzend eingesetzt werden.

25. Ich habe Probleme, wenn mir ein anderes Pferd entgegenkommt. Mein Wallach bekommt trotz großem Seitenabstand Panik. Dann passiert es häufig, dass ich unten liege.

Viele Pferde fühlen sich durch Enge bedroht. Deshalb darf man in einer solchen Situation nicht strafen, sondern muss im Gegenteil dem Pferd Mut machen und viel loben. Mit einem solchen Pferd ist der Reiter ganz besonders aufgefordert, mitzudenken und bestimmte Situationen vorauszuahnen und eventuell auch zu vermeiden. Also: Wie beim Tanzen auch den leeren Raum suchen und dorthin reiten! Je mehr Vertrauen das Pferd dabei gewinnt, desto einfacher wird es sich später auch bei entgegenkommenden Pferden konzentrieren und entspannt weiterreiten lassen.
Kleiner Trost: Das Reiten eines solchen Pferdes dient auch der Sitzkontrolle, denn Runtergucken ist bei solch einem Pferd noch weniger erlaubt als sonst.

26. Unser junges Pferd steigt und geht im Schritt Pass, nachdem es die Schenkel- und Kreuzhilfen zunächst ganz gut angenommen hat. Was haben wir falsch gemacht?

Passgang und sogar Steigen – beides ist oftmals eine Abwehrreaktion auf vorherige Überforderung. Ein junges Pferd sollte im Schritt nur am langen oder, wenn möglich, am hingegebenen Zügel geritten werden. Das ist eine Grundregel, um den Takt des Schrittes nicht zu gefährden.

Übungstipp:

Weniger fordern und die Grenzen des Pferdes eher erkennen und respektieren. Abhilfe schafft ein „Tapetenwechsel“, z.B. Reiten im Gelände.

➜

Achtung!

→ *Falls das Steigen sich zur echten Widersetzlichkeit entwickelt, ist professionelle Hilfe dringend erforderlich, damit das Reiten nicht zur Gefahr für Reiter und Pferd wird.*

27. Mein vierjähriger Wallach lässt sich nicht gut nach innen stellen. Wenn ich ihm die Hilfe dazu gebe, läuft er mir immer in die Mitte der Bahn oder dreht seinen Kopf nach außen.

Ein vier Jahre altes Pferd ist eine Remonte, die nur vorsichtig gestellt werden darf, bevor sie nicht ihr eigenes Gleichgewicht unter dem Sattel mit Reitergewicht gefunden hat. Das junge Pferd muss zunächst an der treibenden Hilfe des Reiters sein und sich selbst mit gedehntem Hals balancieren. Erst dann kann es gestellt werden.

Übungstipp:

Nur auf großen gebogenen Linien reiten, sorgfältiges Vorbereiten des Handwechsels.

Achtung!

Sowohl das „Nach-innen-Laufen" als auch das „Nach-außen-Gucken" sind Reaktionen auf zu viel Einsatz des inneren Zügels ohne entsprechende treibende Hilfe. „Stellen" bedeutet: Auge und Nüsternrand schimmern sehen.

Das Pferd muss zunächst vom inneren Schenkel an den äußeren Zügel herangearbeitet werden. Dabei ist es zunächst unerheblich, wohin das Pferd gestellt ist.

28. Mein Pferd sperrt das Maul auf, ganz besonders im Schritt, und ich kriege es kaum an den Zügel.

Ein aufgesperrtes Maul in der Pferdesprache bedeutet oftmals: „Aua, das tut mir weh!" Es zeigt, dass der Reiter zu stark mit der Hand einwirkt.

Übungstipp:

Im Schritt nur am längeren Zügel reiten und sensibel der Nickbewegung des Pferdekopfes mit den Händen folgen.

Achtung!

Auf keinen Fall das Maul durch ein enger geschnalltes Reithalfter zuschnüren. Maulhöhle und Ausrüstung überprüfen.

Lesehinweis:
Kapitel V: Frage 2

29. Mein Pferd schüttelt immer mit dem Kopf. Wie verhindere ich das?

Ein ständiges Kopfschütteln, das so genannte Headshaking, hat unter Umständen krankheitsbedingte Ursachen, die zunächst veterinärmedizinisch abgeklärt werden müssen. Dauerndes Kopfschütteln kann aber auch ein „Kommentar" des Pferdes sein: „Bei mir ist etwas nicht in Ordnung". Hier ist z.B. die Verbindung zwischen Reiterhand und Pferdemaul gemeint.

Das Problem resultiert häufig aus einem zu ruhigen Reiten. Deshalb gilt in diesem Fall besonders der Grundsatz: Reite dein Pferd vorwärts und richte es gerade.

Übungstipp:

Kontrolliert vorwärts reiten, wenn das Kopfschütteln bei „untertourigem" Reiten besonders deutlich wird. Das Pferd an den treibenden Hilfen behalten und mit viel Abwechslung (Reiten von Übergängen, über kleine Sprünge und im Gelände) beschäftigen, damit keine Langeweile aufkommt. Auf besonders ruhige und gefühlvolle Hände achten.

30. Mein Araber geht gut ohne Gebiss (mit Sidepull) im Gelände, aber sobald ich auf dem Viereck mit Trense Dressur reite, zeigt er, dass er das Gebiss nicht mag. Er geht zwar gut durchs Genick und reagiert auf die kleinste Hilfe, aber wenn ich anhalte, reißt er den Kopf hoch und verdreht den Hals.

Ein solches Pferd ist eine gute Reiterschulung. Hier ist ganz sensible Einwirkung gefordert. Solch ein empfindliches Pferd darf nur mit dem Gesäß, also mit Gewichts- und Schenkelhilfen pariert werden. Die Zügelhilfe (immer eher nachgebend als annehmend) muss immer die untergeordnete Rolle spielen. Es ist positiv, dass das Pferd in der Bewegung keine Anlehnungsprobleme bereitet. Damit sind schon 95 Prozent der Anforderungen gelöst. Der Widerstand beim Halten zeigt, dass hier zu viel Handeinwirkung erfolgt.

Übungstipp:

Übergänge üben – zunächst vom Trab zum Schritt und später erst zum Halten. Dabei im Übergang mit der Hand nachgeben und betont weitertreiben. Das Überstreichen im Halten und vor allem das Zügel-aus-der-Hand-kauen-Lassen ist hier eine sinnvolle Hilfe. Auf keinen Fall im Halten mit der Hand gegenhalten.

Achtung!

In der Ruhe liegt die Kraft. Die Übergänge müssen sehr konzentriert und mit viel Zeit für die Vorbereitung erarbeitet werden.

Lesehinweis:
Kapitel III: Fragen 2, 3

31. Wenn ich alleine reite, gerät mein Wallach völlig in Panik. Er hört und sieht nichts mehr und möchte nur noch rennen. Dann ist er so aufgeregt, dass ich ihn nicht einmal durchs Genick reiten kann, weil er den Kopf so hoch trägt.

Allein ausreiten mit einem zur Panik neigenden Pferd gleicht russischem Roulette. Das Pferd ist ein Herdentier. Viele Pferde sind deshalb ängstlich, wenn sie im Gelände alleine geritten werden. Aus Sicherheitsgründen sollte man möglichst nie alleine unterwegs sein. Es ist nicht entscheidend, ob ein Pferd „durchs Genick" geht, sondern dass der Reiter in der Lage ist, stets Kontrolle über das Tempo und sichere Einwirkung auf sein

Pferd insgesamt zu behalten. Das kann auch mit etwas längerem Zügel möglich sein und ist oftmals entspannender für Pferd und Reiter.

Übungstipp:

Zunächst in der Halle, dann auf dem Reitplatz draußen alleine reiten. Danach erst zu einer kleineren Runde um den Stall aufbrechen, die man nicht zu lange ausdehnt.

Achtung!

Das Pferd ist der Spiegel seines Reiters. Wer beängstigende Situationen „an die Wand malt", der gibt durch seine eigene Verkrampfung dem Pferd oft erst Anlass zu Befürchtungen.

32. Wie reitet man eine ganze Parade?

Übergang aus der Bewegung zum Halten. Die ganze Parade ist perfekt gelungen.

Auch wenn kein Mathematiklehrer das glauben würde: eine ganze Parade besteht nicht aus zwei, sondern mehreren halben Paraden. Eine ganze Parade bringt das Pferd immer zum Halten, jede halbe Parade bedeutet für das Pferd „Hallo, ich möchte dir etwas sagen." Die halbe Parade beginnt mit bewusstem Treiben über Gewichts- und Schenkelhilfen. Damit werden die Hinterbeine des Pferdes angeregt, mehr unter den Schwerpunkt zu fußen. Dann schließt und öffnet sich die Hand geringfügig („Schwamm ausdrücken") und bewegt sich auch leicht im Handgelenk nach innen und außen. Nur die Hand soll sich be- →

wegen, während der Oberarm weiter locker vom Oberkörper herabhängt. Das Treiben mit beiden Schenkeln und das Mitschwingen aus der Hüfte mit der Bewegung des Pferdes sind dabei besonders wichtig.

Eine ganze Parade besteht aus vielen halben Paraden. Die Anzahl der halben Paraden hängt von dem Gerittensein des Pferdes und dem gefühlvollen Einwirken des Reiters ab. !

Lesehinweis:
Kapitel III, Fragen 2, 3

33. Meine sechsjährige Stute schlägt bei jeder halben Parade mit dem Kopf. Bei der ganzen Parade rennt sie rückwärts. Kann das im Zusammenhang mit der Kandare stehen, die ihr seit einiger Zeit zuweilen angelegt wird?

Das Kopfschlagen ist eine Abwehrreaktion und zeigt, dass das Pferd nicht an den treibenden Hilfen bleibt. Das gilt auch für das Halten nach einer ganzen Parade. Die Kandare soll die reiterlichen Hilfen verfeinern. Bei einem 6-jährigen Pferd sollte diese Zäumung erst verwendet werden, wenn die Hilfen auf Trense ganz sicher vom Pferd angenommen werden. Erst dann ist es „kandarenreif".

Übungstipp:

Das Reiten mehr nach vorne ausrichten, auf gebogenen Linien Übergänge bewusst ohne vorherrschende Zügeleinwirkung erarbeiten. Dafür zunächst durch rhythmisches Mitschwingen in die Bewegung des Pferdes und gefühlvolles Treiben mit beiden Schenkeln sowie Stimme parieren. Das Pferd darf keine Angst vor der Handeinwirkung bekommen. Je besser die einfachen Übergänge innerhalb einer Gangart gelingen, desto einfacher wird später auch die ganze Parade zum Halten.

Achtung!

Passen die Gebisse?
Die richtige Verschnallung der Kandare überprüfen lassen.

34. Meine 12-jährige Stute ist bis L ausgebildet, wurde aber über Jahre von dem Vorbesitzer nur mit Muskelkraft in den Armen geritten. Wie kriege ich sie weg von der Hand, damit ich nicht so viel ziehen muss?

Nicht Muskeltraining im Fitnessstudio, sondern eine genau entgegengesetzte Reitweise, als die bisher praktizierte, ist gefordert. Das Pferd muss wieder für eine feine Hand und Hilfengebung sensibilisiert werden.

Das geht nur über Treiben und einfache Übergänge zwischen und innerhalb der Gangarten.

Übungstipp:

Eine deutlich rückwärts wirkende Zügelhilfe, gegeben mit Muskelkraft aus den Armen, richtet sich immer gegen das Pferd. Gewalt des Reiters erzeugt stets Gegenwehr beim Pferd. Zügel immer nur kurzzeitig annehmen und wieder deutlich nachgeben. Nachgeben ist wichtiger als Annehmen! Dabei aber darauf achten, dass die stete Anlehnung erhalten bleibt. (Keinen Zügel „wegschmeißen" oder „springen" lassen.)

Lesehinweis:
Kapitel III: Fragen 2, 3, 6

Achtung!

Es wird Zeit kosten, dieses Übergangsziel zu erreichen und wahrscheinlich müssen Hunderte von gefühlvollen Übergängen geritten werden. Aber Pferde können sehr schnell ihre Reiter unterscheiden und sich umstellen, wenn sie ihre Aufgabe verstanden haben.

35. Ich bin elf Jahre alt und mein Pferd misst 1,73 Meter Stockmaß. Wir haben Probleme, wenn der Wallach aus dem Galopp halten soll. Dann habe ich das Gefühl, die normale Wassertrense sei für mich zu wenig. Welches Gebiss wirkt besser, ohne zu scharf zu sein?

Das ist in der Tat eine große Aufgabe. Ein Pferd mit einem solchen Stockmaß stellt schon gewisse Anforderungen an ein Kind. Aus dem Galopp zum Halten zu parieren, bereitet auch manchem S-Dressur-Reiter Schwierigkeiten. Reiten ist zwar ein Gefühls- und kein Kraftsport, aber ganz ohne Kraft geht es dennoch nicht. Positive Körperspannung des Reiters ist eine wichtige Voraussetzung für wirksame Einwirkung. Das Gefühl, eine unzureichende Zäumung zu verwenden, mag zutreffen. Hilfszügel sind jedoch besser als ein scharfes Gebiss. In Frage kommen Ausbinde- bzw. Dreieckszügel.

Übungstipp:

An den Übergängen arbeiten und insgesamt ein besseres Gefühl für das Pferd entwickeln. Ganze Paraden erst aus dem Schritt, dann aus dem Trab, und wenn das gelingt, aus dem Galopp üben. Insgesamt die Durchlässigkeit verbessern. Dann reicht die normale Trense vielleicht doch aus. Als Alternative könnte man zunächst verschiedene Reithalfter probieren oder das einfach oder doppelt gebrochene Trensengebiss in seiner Dicke variieren. Aber Variationen in der Ausrüstung allein werden keinen durchschlagenden Erfolg bringen. Vielleicht ist es hilfreich, wenn ein erwachsener Reiter das Pferd regelmäßig mitarbeitet.

Lesehinweis:
Kapitel IV: Frage 32

36. Ich kann mein Pferd nicht ohne Hilfsmittel wie Thiedemann-Zügel etc. an den Zügel reiten. Ist es sinnvoll, die sehr heftige Stute vielleicht ohne Gebiss „über die Nase“, nur mit Hackamore, zu reiten?

Ein Thiedemann-Zügel ist schon ein problematisches Hilfsmittel, weil unroutinierte Reiter sich damit nur schwer eine konstante Anlehnung erarbeiten können. Ein Hackamore eignet sich nur für sehr feinfühlige und gut ausbalancierte Reiter, die unabhängig von der Hand einwirken. Sonst wird der Nasenbügel schnell zum Folterinstrument.

Das Pferd wird dann in der Anlehnung und in der Kontrolle von Tempo und Durchlässigkeit erst richtig kompliziert.

Übungstipp:

Über solide Basisarbeit auf gebogenen Linien zum Treiben kommen. Als Hilfszügel empfehlen sich der Dreieckszügel oder beidseitige Ausbindezügel. Sie vermitteln dem Pferd die Tendenz, sich vorwärts-abwärts zu dehnen. Dies ist eine Voraussetzung, um später auch ohne Hilfszügel reiten zu können.

37. Ich will mein dreijähriges Pferd ohne Gebiss nur mit Halsring ausbilden. Ist das empfehlenswert?

Hier ist ein klares Nein angebracht. Ein junges Pferd muss das Gebiss vertrauensvoll annehmen und den Schenkel – zunächst unterstützt durch die Gerte – kennen lernen. Das gehört zur Grundlage für das Reiten dazu. Das Reiten mit Halsriemen ist eine hohe Kunst, die nur sehr wenige erfahrene Ausbilder beherrschen. Es spricht nichts dagegen, wenn solche Experten mit einem Halsring reiten – aber auch sie werden das kaum mit einem Dreijährigen tun, der nie annehmende und treibende Hilfen kennen gelernt hat.

Das gehört für jedes junge Pferd zur Grundausbildung: Gewöhnung an den Reiter und leichte Anlehnung an die Hand.

38. Ich kann meinen 13-jährigen Wallach vor allem im Winter im Gelände nur mit Pelham reiten. Er streckt den Kopf weg oder legt sich aufs Gebiss, null Rittigkeit. Ist es sinnvoll, mit ihm das Reiten ohne Gebiss auszuprobieren?

Statt eines scharfen Gebisses, wie das Pelham, sollte man lieber einen anderen Ansatz wählen. Deshalb unsere Frage:

Wie kann man den Ausritt so gestalten, dass man mit einer normalen Trense auskommt? Vielen Pferden wird der Eindruck vermittelt, im Viereck ist es langweilig, aber im Gelände geht dafür „die Post ab". Ein Gebiss ist keine „Bremse" und das scharfe Gebiss macht nur mehr Druck. Es verunsichert das Pferd. Der Fluchtinstinkt des Pferdes kann dadurch herausgefordert werden. Ein Durchgehen im Gelände ist dann nicht ausgeschlossen. Letztendlich wirken scharfe Gebisse beim Pferd wie übermäßiger Konsum von Alkohol oder Drogen auf den Menschen: Um Wirkung zu erzielen, muss man immer mehr davon haben. Also: Es muss ein immer schärferes Gebiss her. Ohne Gebiss sollte auf keinen Fall geritten werden.

Übungstipp:

Im Winter draußen zunächst mit Decke reiten. Ein gewärmtes Pferd wird ruhiger sein und sich besser reiten lassen. Besonders empfehlenswert ist es, wenn vor dem Geländeritt das Pferd in der Halle dressurmäßig gymnastiziert wird. Auch im Gelände dressurmäßig arbeiten auf einem Waldweg oder einer passenden Lichtung. Auf keinen Fall immer nur geradeaus galoppieren. Das Pferd muss lernen, sich in seinem Tempo kontrollieren zu lassen.

39. Mein junges Pferd zeigt wenig Maultätigkeit. Seit einiger Zeit spielt es mit der Zunge und streckt sie heraus, vor allem beim Halten mit angenommenen Zügeln. Sobald ich die Zügel hingebe, hört es damit auf.

Maultätigkeit spiegelt die Rittigkeit, das Gerittensein und die Durchlässigkeit des Pferdes wider. Je besser das Pferd ganze und halbe Paraden annimmt, desto mehr verbessert sich die Maultätigkeit in der Regel. Der Reiter muss versuchen, zum Leichtwerden mit der Hand zu kommen. Oft haben Maulprobleme eine feste Hand als Ursache. Aber auch passives Reiten, wodurch die Hinterbeine des Pferdes nicht genügend engagiert werden, kann zu Maulproblemen führen. Im Halten den Zügel zunächst nicht annehmen. Stattdessen das Pferd loben, den Hals klopfen.

Übungstipp:

Lesehinweis:
Kapitel V: Frage 2

Viele Übergänge reiten und dabei besonders gefühlvoll treiben, damit das Pferd sich von hinten heranschließt und sich vorne mehr trägt. Häufiges Zügel-aus-der-Hand-kauen-Lassen und Überstreichen geben einem solchen Pferd ein gutes Gefühl und erleichtern ihm das Balancieren. Dies ist eine wichtige Vorraussetzung für eine gute Maultätigkeit.

40. Mein Traberwallach wehrt sich stark gegen das Gebiss, wird unruhig im Kopf, geht ungleich im Tempo, rollt sich ein und kaut dann wieder heftig auf dem Gebiss. Mit Hackamore geht er gut, aber was soll ich tun, damit ich auch cinc Abzeichenprüfung oder ein Turnier mit ihm reiten kann?

Traber sind nicht für Reitzwecke gezüchtet und bereiten häufig auch erfahrenen Reitern Probleme, weil sie in jungen Jahren für ihren Sport anders ausgebildet worden sind. Ist das Pferd für die Bahn ausgebildet worden? Ein Traber hat im Training nicht gelernt, sich an ein einfach oder doppelt gebrochenes Gebiss heranzudehnen und hat oft schon früh scharfe Gebisse kennen gelernt, gegen die er nun eine Abwehrreaktion zeigt. Ein Hackamore kuriert das Symptom, nicht aber die Ursache. Mit dieser Zäumung darf man bei einem kleinen Turnier oder einer Abzeichenprüfung nicht teilnehmen. Diese Zäumung ist nicht erlaubt und ist auch für Reiter im gehobenen Sport niemals eine dauerhafte Lösung.

Übungstipp:

Sorgfältig mit einem einfach oder doppelt gebrochenen Gebiss in aller Ruhe die Grundlagenarbeit der Dressur nachholen. Das Pferd muss durch Treiben mit Schenkel- und Gewichtshilfen an das Gebiss herangearbeitet werden. Die laut LPO erlaubten Gebisse messen am Maulwinkel mindestens 14 mm Durchmesser. Bei Ponygebissen beträgt die Mindestdicke 10 mm Durchmesser. Je nach Maulbeschaffenheit des Pferdes wählt man die passende Gebissstärke, wobei ein dünnes Gebiss nicht unbedingt weniger geeignet ist als ein dickes. Entscheidend ist die Aufwölbung des Gaumens und der Raum, der dort für das Gebiss zwischen Zunge und Gaumen bleibt.

➜

➜ *Dieses schwierige Pferd muss zunächst zu einer vertrauensvollen und korrekten Dehnungshaltung gebracht werden. Dazu eignen sich Longenarbeit mit Hilfszügeln und später Reiten mit Dreieckszügel.*

Lesehinweis:
Kapitel III: Fragen 2, 3,
Kapitel V: Fragen 1, 2, 3

41. Schenkelweichen klappt gut, aber ich habe Probleme bei der Vorhandwendung.

Schenkelweichen ist eine erste gute Vorbereitung auf die Vorhandwendung.

Wenn das Schenkelweichen wirklich gut gelingt, dann dürfte die Vorhandwendung eigentlich kein Problem sein. Wenn das Schenkelweichen noch problematisch ist, muss zunächst hier angesetzt werden. Oft wird der innere Schenkel vom Pferd nicht genügend akzeptiert. Der Reiter versucht oftmals dieses durch übertriebene Stellung im Hals auszugleichen. Die Aufforderung heißt „Dem Schenkel weichen." Das führen viele Pferde nicht sensibel genug aus. Die Vorhandwendung selbst ist eine gute Koordinationsübung für Pferd und Reiter, die man öfter üben sollte.

Übungstipp:

Übungstipp für Vorhandwendung: Einen Helfer am Boden bitten, an den Trensenringen abzuparieren und eventuell auch den Druck des Schenkels zum richtigen Zeitpunkt zu verstärken. Der richtige Zeitpunkt ist dann, wenn das innere Hinterbein (bei einer Wendung von der rechten Hand also das linke Hinterbein) abfußt. Zunächst nur eine Viertelwendung ausführen, danach halten, konzentrieren. Dann das zweite Viertel der Vorhandwendung ausführen.

Achtung!

Die Vorhandwendung kann die Vorhand des Pferdes unnötig belasten, wenn sie über Gebühr geübt wird. Drei- bis fünfmal pro Trainingseinheit sollten deshalb reichen.

42. Mein Warmblüter ist bei Ausritten sehr nervös und kommt pitschnass wieder zum Stall zurück. Er steigert sich regelrecht in seine Aufregung hinein, trippelt, steigt leicht oder geht seitwärts. Nach jedem Ausritt bin ich mit meinen Nerven am Ende. Was kann ich tun, damit wir beiden entspannt miteinander arbeiten können?

Eine solche nervliche Verspannung ist unterwegs kaum zu lösen. Deshalb gilt es zu verhindern, dass es überhaupt so weit kommt. Ein Ausritt mit einem solchen Pferd sollte generell nur ganz betont ruhig ablaufen und in Begleitung eines sicheren, ruhigen Pferdes gewagt werden. Mit diesem Pferd muss ausprobiert werden, ob das nervöse Pferd besser vorne oder hinten geht. Ziel muss es sein, das Schwitzen aus Aufregung zu verhindern. Sobald das Pferd aus Aufregung zu schwitzen beginnt, wird es sich immer weiter in diese Aufregung hineinsteigern. Pferde mit diesem Problem erfordern einen erfahrenen Reiter.

Übungstipp:

Einen Ausritt immer erst mit Dressurarbeit auf einem offenen Reitplatz beginnen und von dort ganz allmählich größere Runden antreten, die immer wieder zum Reitplatz zurückführen. Später kann man versuchen, dressurmäßige Gymnastizierung auch auf einem Waldweg, einer abgegrenzten Lichtung oder einem Feld zu verlangen. Das Ziel ist, ruhig zu traben oder zu galoppieren. Erlaubt es das Gelände, darf auch kontrolliert schneller galoppiert werden. Nach gefühlvollem Durchparieren den Zügel allmählich länger lassen. Das Pferd klopfen und mit der Stimme loben. Auch das beruhigt. Eventuell das Pferd auch einmal im Gelände führen.

Achtung!

Selbstbeherrschung üben und niemals grob werden. Ein nervöses Pferd stellt eine ganz besondere Charakterschulung für den Reiter dar.

43. Mein Pony will am See nicht ins Wasser gehen. Woran kann das liegen?

Auf Kommando ins Wasser zu spazieren ist eine große Vertrauensprüfung für jedes Pferd. Je flacher und fester der Boden am Einritt, desto besser. Auch sollte das Wasser klar sein. Einen Wassereinritt immer nur üben, wo man sicher sein kann, dass dem Pferd dort nichts Unerwartetes geschieht, was sein Vertrauen unwiderruflich schädigen kann. Auf keinen Fall Gewalt anwenden!

Übungstipp:

Ein sicheres Führpferd vorweg gehen lassen und sich viel Zeit nehmen. Mit ganz viel Ruhe Schritt für Schritt ins Wasser reiten. Nicht aufgeben, wenn es nicht sofort klappt.

Vertrauensprüfung erfolgreich bestanden: Eintritt ins Wasser gelingt mit einem Führpferd am einfachsten.

Achtung!

Ist das Pferd erst im Wasser, die Zügel länger lassen, damit das Pferd die Möglichkeit hat, mit der Nase den „gefährlichen" Grund zu untersuchen. Aufpassen, dass das Pferd sich nicht hinlegt, und immer auf unerwartete Reaktionen gefasst sein.

44. Meine Stute bleibt im Gelände stehen, wenn sie einen Berg heruntergehen soll, oder an Wegkreuzungen, wenn ihr die Richtung nicht passt.

Beim Hinabklettern sind junge Pferde oft ängstlich. Deshalb mit möglichst flachen Hängen anfangen und mit Hilfe eines Führpferdes den Herdentrieb ausnutzen. Das bewährt sich auch an den Wegkreuzungen, wo man sich auch mal abwechseln kann. Mit Pferden ist es wie im wirklichen Leben: Mal führt der eine Partner und dann geht der andere voran. Mit vermehrter Durchlässigkeit verbessert sich auch der Gehorsam. Gehorsam und Durchlässigkeit sind die Voraussetzung, um später ohne Probleme überall hinreiten zu können.

45. Mein Pflegepferd ist acht Jahre alt und nur angeritten. Es hat keine Ausbildung, weil der Hof privat ist und dort nur als Hobby geritten wird. Die Stute nimmt die Zunge über das Gebiss und ich kann sie im Galopp nur schwer halten und muss an den Zügeln reißen, damit sie langsamer wird. Geht das nicht auch anders?

Das muss anders gehen. Am „Zügel reißen" fügt einem Pferd Schmerzen zu. Deshalb wird es als Fluchttier weglaufen. Ein Pferd, das die Zunge über das Gebiss nimmt, zeigt Unwohlsein, Unzufriedenheit. Abhilfe schafft hier nur Unterricht für den Reiter und das Pferd; denn ein Hobby kann man ja auch mit Können ausüben. Dann wird der Spaß daran noch viel größer. Zunächst in der Reitbahn darauf achten, dass das Pferd sich vertrauensvoll nach vorwärts-abwärts dehnt. Erst danach ins Gelände zu gehen, ist eine sichere, schmerzfreiere und eher befriedigende Alternative für Pferd und Reiter.

Übungstipp:

Basisarbeit mit häufigem Reiten auf dem Zirkel. Dabei deutlich mit dem inneren Schenkel an den äußeren Zügel herantreiben. Oft Zügel aus der Hand kauen lassen und dabei die treibende Hilfe nicht aufgeben.

Lesehinweis:
Kapitel III: Fragen 2, 3,
Kapitel IV: Frage 5,
Kapitel V: Frage 2

46. Mein Traber ist im Gelände nicht zu halten. Deshalb reite ich meistens Schritt, was auf Dauer etwas langweilig wird. Was kann ich tun?

Zunächst ist es schon positiv, wenn der Traber im Gelände tatsächlich einen gelassenen Schritt geht. Der erste „Ausritt mit Trab und Galopp" sollte zunächst in der Reithalle stattfinden. Danach wird der Ausritt auf einen offenen Reitplatz und erst dann auf eine Waldlichtung oder eine eingefriedete Wiese verlagert. Gut geeignet sind auch Waldwege, die nicht nur geradeaus führen.

Übungstipp:

Zunächst mit deutlich treibenden Hilfen Schritt und Trab reiten, dann auch Galopp, soweit es das Pferd zulässt. Ein Begleitpferd sollte hinter dem eifrigen Vorderpferd gehen. Das kann eine beruhigende Wirkung haben.

Lesehinweis:
Kapitel III: Fragen 2, 3
Kapitel V: Fragen 2, 11, 12

47. Mein Pflegepferd, das auch als Schulpferd eingesetzt wird, lässt sich mittlerweile kaum noch an den Zügel reiten und rennt nur. Mit Martingal geht es, aber ohne nur, wenn man riegelt. Wenn ich gegen die stehende Hand reite, rennt es und lässt schlecht sitzen. Ich will aber nicht mit Hilfszügeln reiten, weil ich das Pferd auch ohne Hilfszügel an der Hand haben will. Wie kann ich es möglichst weich an den Zügel reiten?

Falscher Ehrgeiz schadet nur – ganz besonders in der Ausbildung von Reiter und Pferd. Ein Hilfszügel kann in diesem Fall das Leben von Pferd und Reiter erleichtern. Riegeln ist der völlig falsche Ansatz. Eine gefühlvoll anstehende bzw. abwartende Hand ist die Voraussetzung, damit das Pferd sich willig in die richtige Grundhaltung dehnt. Ein Pferd, das den Rücken festhält, kann niemand gut aussitzen, um daraus weiche Hilfen zu geben.

Derartige Probleme treten leider häufig bei Schulpferden auf. Sie müssen deshalb regelmäßig vom Ausbilder Korrektur geritten werden.

Übungstipp:

Das Martingal durch Ausbinde- oder Dreieckszügel ersetzen. Damit die Dehnung an das Gebiss heran und die Rückentätigkeit des Pferdes verbessern, um dadurch langfristig die Hilfszügel wieder entbehrlich zu machen. Das Martingal hilft bei einer derartigen Problematik nicht weiter.

Nichts erschweren auf Kosten des Pferdes. Das Pferd muss sich unter seinem Reiter wohl fühlen.

Lesehinweis:
Kapitel V: Frage 4

V. Mehr Losgelassenheit

Losgelassenheit ist die Grundlage und das Ziel für besseres Reiten. Sie steht zwischen Takt und Anlehnung an zweiter Stelle in der „Skala der Ausbildung" und bildet mit diesen beiden Begriffen zusammen die Anforderungen, die ein gehorsames und rittiges Pferd durch gymnastizierende Arbeit erlernt haben muss, bevor die weitergehende Ausbildung begonnen werden kann. Losgelassenheit erklärt sich am besten damit, was sie nicht ist: Weder zu starke Anspannung noch abgeschlaffte Entspannung. Losgelassenheit ist Harmonie in Balance – für das Pferd und für den Reiter. Sie bedeutet geistige und körperliche Aufmerksamkeit und Zufriedenheit bei innerer und äußerer Geschmeidigkeit, Leistungsfähigkeit und Leistungsbereitschaft. Die Hilfen werden feiner gegeben und kommen feiner an. Was schon die alten Meister wussten: Losgelassenheit macht faule Pferde fleißig und heftige Pferde ruhiger. Die Fragen und Probleme in diesem Kapitel beziehen sich alle auf eine Verbesserung der Losgelassenheit und damit auch auf die Durchlässigkeit des Pferdes.

Wichtig: Das Pferd kann in der Regel nicht losgelassener sein als sein Reiter!

1. Mein Reitlehrer spricht immer von Anlehnung. Was meint er überhaupt?

Die Anlehnung des Pferdes beginnt mit dem aktiven Hinterbein, das durch die reiterliche Einwirkung zur vermehrten Gewichtsaufnahme angeregt werden soll. Die objektiv schwere Masse des Pferdes wird über den schwingenden Rücken zum Maul des Pferdes subjektiv ganz leicht „hingefedert". Der Reiter fühlt das, wenn er in eine weich schwingende Bewegung „hineingezogen" wird. Das Pferd dehnt sich mit seinem Hals an die Hand des Reiters heran. Es sucht das Gebiss und damit die Anlehnung. Das ist mehr als nur die Verbindung zwischen Reiterhand und Pferdemaul, sondern auch die Grundlage für Losgelassenheit, bequemes Sitzen und damit allgemeines Wohlfühlen.

Die treibenden Hilfen bringen das Pferd in eine leichte Anlehnung.

Übungstipp:

Viel auf gebogenen Linien reiten und mit dem inneren Schenkel gefühlvoll an den äußeren Zügel herantreiben. Voraussetzung: ausbalanciert sitzender Reiter mit unabhängiger Zügelführung.

Lesehinweis:
Kapitel IV: Fragen 1, 3

Dehnungshaltung perfekt demonstriert.

2. Was versteht man unter Dehnungshaltung und wie reitet man sie?

Dehnungshaltung ist eine tiefere Einstellung des Pferdehalses mit dem Ziel, den Rücken des Pferdes aufzuwölben und das Pferd „über den Rücken" zu reiten. Die wichtigste Bedingung hierfür ist: gefühlvolles Treiben. Dabei mit der Hand abwarten. Auf keinen Fall rückwärts einwirken. Für den lernenden Reiter ist ein geeignetes Hilfsmittel der Ausbinde- oder der Dreieckszügel. Damit weist der Reiter dem Pferd den Weg nach vorwärts-abwärts an das Gebiss heran, also in die Tiefe. Für viele Reiter beginnt „das richtige" Reiten erst, wenn sie ein Pferd selbst an den Zügel stellen können. Sie wollen dies erreichen, ohne auf einen Hilfszügel zurückzugreifen. Das ist der falsche Ansatz, denn das eröffnet vielfach einen dauernden Kampf gegen das Pferdemaul und damit gegen das ganze Pferd.

Achtung!

Ohne eine aktive Hinterhand kann das Pferd nicht die gewünschte Dehnungshaltung erreichen. Ohne aktive Hinterhand legt es sich auf das Gebiss oder kommt auf die Vorhand. Das gewünschte Ziel, die Aufwölbung des Rückens, ist verfehlt.

Ein Hilfszügel ist nur dann eine Hilfe, wenn er richtig verschnallt ist. Oftmals wird der Dreiecks- oder Ausbindezügel zu kurz verschnallt. Das Pferd kann sich dann nicht mit dem Hals ausbalancieren und an das Gebiss herandehnen.

3. Mein Pferd sperrt sich gegen eine Anlehnung. Was mache ich falsch?

Die meisten Reiter wirken zu viel mit der Hand ein. Den optimalen Zustand der Anlehnung wird man auf diese Weise nie erreichen.

Wer versucht, sein Pferd durch Gegenhalten und Riegeln in eine bestimmte Form zu zwingen, der blockiert den Rücken des Pferdes und damit das Tätigsein der Hinterbeine. Das Pferd arbeitet dann gegen den Reiter und baut an den falschen Stellen Muskeln auf. Es legt sich auf das Gebiss, geht gegen den Zügel oder drückt seinen Unterhals heraus. Viele hoch veranlagte Pferde, die über eine gute Ganaschenfreiheit verfügen, „rollen sich auf" und werden damit zu eng im Hals. All dies sind Folgen zu starker Handeinwirkung!

Ein Fehler-Suchbild, perfekt inszeniert: Die Reiterin sitzt hinter der Senkrechten, „zieht" am Zügel und klemmt mit den Schenkeln.

Achtung!

In diesen Situationen arbeitet das Pferd verständlicherweise auch mental gegen seinen Reiter. Die Folge ist eine gestörte Partnerschaft zwischen Mensch und Pferd. Hier kann nur konsequente und geduldige Grundlagenarbeit unter Verwendung von Hilfszügeln (Ausbinde- oder Dreieckszügel) weiterhelfen. Als Alternative könnte das Pferd durch einen erfahrenen Ausbilder gymnastiziert werden. Anschließend lernt der Reitschüler unter Anleitung des Ausbilders, die richtige Anlehnung zu erfühlen.

Lesehinweis:
Kapitel V: Frage 1

4. Mein Pferd gibt den Rücken nicht her und lässt mich nicht sitzen. Was ist zu tun?

Der Rücken ist die „Brücke" des Pferdes zwischen seiner Vor- und Hinterhand. Wenn es hier Störungen gibt, sitzt der Reiter hart und unbequem. Andersherum gibt das Pferd den Rücken nicht her, wenn ihm der Reiter eine unbequeme Last ist. Deshalb muss man zunächst versuchen, nicht zu viel Gewicht in den Sattel zu bringen und eher entlastend als belastend zu sitzen. Das Pferd muss sich unter dem Reiter wohl fühlen. Das kann es nur, wenn der Reiter in der Bewegung des Pferdes mitschwingt und nicht gegen die Bewegung sitzt.

Übungstipp:

Viel leichttraben oder im leichten Sitz reiten. Erst zum Aussitzen übergehen, wenn die Rückentätigkeit sich verbessert hat. An einer echten Dehnungshaltung arbeiten, bei der das balancierte Pferd den Rücken mehr aufwölbt, bei sicher kontrolliertem Tempo. Pferde, die in zu freiem Tempo gearbeitet werden, also eiliger gehen müssen, als sie es mit dem verspannten Rücken können, haben besondere Schwierigkeiten sich loszulassen.

Achtung!

Nicht alle Pferde haben ein optimales Potenzial, um über den Rücken zu schwingen, und ermöglichen deshalb keinen echten Sitzkomfort. Quadratische, kurz gefesselte Pferde zeigen in der Regel einen weniger schwingenden Ablauf in ihren Bewegungen und sind deshalb oft schwerer zu sitzen als im Rechteck stehende Pferde. Aber auch bei diesen Pferden lässt sich die Rückentätigkeit durch entsprechende Übungen optimieren.

5. Mein Pferd braucht 20 Minuten, um locker zu werden. Die ersten fünf Minuten reite ich nur Schritt am langen Zügel und mache Wendungen nur über Gewichtsverlagerung, dann Trab und Trab/Schritt-Übergänge und schließlich Galopp. Wie kann ich den Anfang abwechslungsreicher gestalten?

Zuerst ein dickes Kompliment. Die beschriebene Lösungsarbeit ist vorzüglich, genau richtig. Zwanzig Minuten lösen bis zum Beginn der Arbeitsphase sind im Bereich der Norm. Beispielhaft ist das Reiten von Wendungen nur durch Gewichtshilfen. So stellen sich Pferd und Reiter optimal aufeinander ein.

Eine gewisse Standardisierung in der Anfangsarbeit ist sogar eher gut. Aber Variationsmöglichkeiten gibt es trotzdem. Zum Beispiel:

- ➜ Die erste Phase des Aufwärmens (für erfahrenes Pferd mit erfahrenem Reiter) ins Gelände verlegen, auf den großen Reitplatz oder auf die Galoppierbahn und damit dem Pferd einen „Tapetenwechsel" verschaffen.
- ➜ Cavaletti in die Lösungsarbeit einbauen. Dabei aber auf die veränderten Abstände für Schritt, Trab und Galopp achten.
- ➜ Springen über kleine Gymnastikreihen.
- ➜ Schenkelweichen sowie Viereck verkleinern und vergrößern, auch Vorhandwendungen sind geeignete Übungen auf dem Dressurviereck.
- ➜ Mit kurzem Bügel im leichten Sitz „kantern", danach wieder den gewohnten Dressursitz einnehmen.
- ➜ Falls vorhanden, bieten kleine Steigungen im Gelände oder gar eine Wellenbahn gute Möglichkeiten für Balance-Übungen.

Im Galopp als lösende Übung über Cavaletti. Gut zu erkennen: Ein zu tiefer Absatz und ein falsch aufgenommener Bügel machen den Reiter fest in der Hüfte.

6. Mein Pferd geht nicht konsequent die ganze Stunde am Zügel.

Das soll und muss es auch gar nicht, denn das können viele Pferde physisch und psychisch nicht leisten. Der stete Wechsel aus Anspannung und Entspannung erhält die Leistungsbereitschaft und -fähigkeit. Zehn bis fünfzehn Minuten sind für eine Arbeitsphase genug. Danach zunächst Zügel aus der Hand kauen lassen und Schritt am langen oder mit hingegebenem Zügel reiten. Dem Pferd (und dem Reiter) eine kleine Pause verschaffen zum Entspannen, Dehnen und „Rumbummeln". Danach werden die Zügel wieder aufgenommen und es beginnt eine weitere Arbeitsphase, die von Leistungsbereitschaft und frischer Konzentration geprägt sein sollte.

Achtung!

Gut in das Pferd „hineinhorchen", damit man den richtigen Zeitpunkt für eine Pause nicht verpasst. Das Pferd soll Freude an der Arbeit behalten. Eine Pause nach einer gelungenen Ausführung ist eine Belohnung für Pferd und Reiter, die besser einmal zu oft als einmal zu wenig gegeben wird. Wer die Pause vergisst, riskiert Verspannungen bei Reiter und Pferd und mangelhafte Anlehnung.

Wie in der Schraubzwinge – so fühlt sich ein Pferd, dem nie eine Pause zur Entspannung zwischendurch gegönnt wird. Eine ganze Stunde ist als Arbeitsphase zu viel.

7. Mein Pferd kommt nicht an die Hilfen. Wie muss ich vorgehen?

Allgemeine Problemschilderungen kann man auch nur ganz allgemein beantworten. Wenn ein Pferd „nicht an die Hilfen kommt", ist das ein Zeichen für Ausbildungsdefizite, die womöglich auch noch verstärkt werden durch einen nicht erfahrenen Reiter. Die Kernfrage ist immer: Treibe ich genug und/oder wirke ich zu viel mit dem Zügel ein? Die Abstimmung der Hilfen ist wichtig und muss mit viel Gefühl vorgenommen werden. Dazu ist ein ruhiger, ausbalancierter Sitz des Reiters erforderlich, den man mit Sitzübungen an der Longe verbessern kann. Auch ein Dreiecks- oder Ausbindezügel kann helfen, um zunächst auf den richtigen Weg der Ausbildung zu kommen.

Übungstipp:

Auf gebogenen Linien reiten und deutlich mit dem inneren Schenkel an den äußeren Zügel herantreiben, wobei das Pferd nicht eiliger werden darf. Übergänge üben, zunächst zwischen Trab und Schritt und später zwischen Trab und Galopp. Pferd und Reiter müssen zunächst wieder zueinander finden.

Achtung!

Niemals versuchen, „das ganze Programm" in einer Reitstunde abzuspulen, sondern Übungsziele in kleinen Schritten planen. Wenn das Ziel zur eigenen Zufriedenheit erreicht ist, entweder aufhören oder nach einer kleinen Pause auf das nächste Etappenziel hinarbeiten. Die einzelnen Etappenziele sollten mit dem Ausbilder festgelegt werden

Harmonische Ausstrahlung von Pferd und Reiterin: auf gebogener Linie treibt der innere Schenkel in Richtung des äußeren Zügels.

8. Mein Pferd macht Taktfehler.

Taktstörungen sind meist ein Zeichen für Probleme des Gleichgewichts. Die Ursache kann beim Pferd liegen, aber auch beim Reiter. Gegenfrage: Zeigen sich die Taktfehler nur in einer bestimmten Gangart oder durchgängig in den drei Grundgangarten und den verschiedenen Tempi? In der Regel treibt der Reiter zu wenig und schwingt nicht genügend in die Bewegung des Pferdes hinein. Besonders bei Pferden mit „großem" Schritt muss der Reiter sehr deutlich in die Nickbewegung des Halses mit eingehen, um Taktstörungen zu vermeiden. Zu Taktstörungen kann es z.B. im Trab durch zu viel Handeinwirkung des Reiters kommen. Pferde mit großem Schritt haben oft auch eine große Galoppade und bekommen auch hier Schwierigkeiten, wenn die Hand nicht gefühlvoll genug mitgeht oder zu früh verkürztes Tempo verlangt wird. Taktfehler können entstehen, wenn vom Pferd zu viel gefordert wird.

Ein Zurückschrauben der Anforderungen vermittelt wieder mehr Taktsicherheit. Also nicht Lektionen reiten, sondern zunächst den Takt stabilisieren.

Übungstipp:

Taktstörungen lassen sich vermeiden über die Entwicklung von mehr Balance. Das geschieht über einfühlsame dressurmäßige Arbeit. Alternativen findet man im Gelände. Deshalb: häufig im Gelände reiten, auch auf unebenem Boden oder durch einen Kahlschlag, wo das Pferd dünne, umgefallene Baumstämme übersteigen muss. Klettern an lang gezogenen Hängen. Dabei ruhig bergauf reiten und das Pferd nicht eilen lassen.

Leichtes Bergauf und Bergab lassen Pferde tritt- und taktsicher werden.

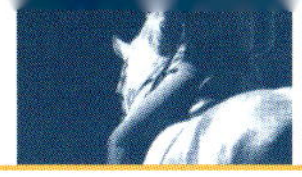

Achtung!

Taktsicherheit ist das wichtigste Kriterium der Ausbildung. Dies gilt besonders auch für Übergänge, Wendungen und die Seitengänge. Der Reiter gibt mit seinem Sitz den Takt vor und muss sich daher selbst gut unter Kontrolle haben, um dem Pferd keine Störungen zu vermitteln. In schlimmen Fällen kann aus den Taktstörungen sogar eine „Zügellahmheit" erwachsen, die das Pferd unter dem Sattel zeigt, obwohl es aus veterinärmedizinischer Sicht nicht lahmt.

9. Mein Pferd geht keinen losgelassenen Schritt im Viereck. Sobald ich die Zügel auch nur leicht annehme, zackelt es und lässt sich von anderen Pferden leicht ablenken.

Im Schritt zeigt sich die richtige Ausbildung bezüglich der Losgelassenheit und die mentale Verfassung des Pferdes am deutlichsten. Diese Gangart ist ein Spiegel für die Arbeit in den anderen Gangarten. Deshalb kann ein Verbessern der Schrittprobleme auch nur durch sorgfältige Trab- und Galopparbeit erfolgen. In diesen Gangarten muss der Reiter zu rhythmischen, treibenden Impulsen kommen. Dann wird das Pferd sich loslassen und zum ruhigen Schreiten übergehen. Viele Reiter machen den Fehler, auf einem zackelnden Pferd die Schenkel wegzustrecken. Das ist falsch. Es ist immer das Ziel, zum Treiben zu kommen, d.h., das Pferd muss den Schenkel akzeptieren. Ein Pferd, das sich leicht ablenken lässt, zeigt, dass es nicht wirklich losgelassen ist. Erst aus der äußeren und inneren Losgelassenheit heraus folgt die Konzentration und die Bereitschaft, mit dem Reiter zusammenzuarbeiten.

Übungstipp:

Das Pferd häufig im Schritt über kürzere Strecken auf beiden Händen übertreten lassen. Über das Schenkelweichen das Pferd lehren, den seitwärts treibenden Schenkel anzunehmen, damit später auch der vorwärts treibende Schenkel besser akzeptiert wird. Deutlich auf die Nickbewegung des Kopfes eingehen und mit der Hand weich folgen. Dabei gefühlvoll im Takt treiben bei gut losgelassenem Hüftgelenk.

10. Mein Pferd geht Pass.

Im Schritt setzt das Pferd seine vier Beine im Viertakt nacheinander „gleichseitig, aber nicht gleichzeitig". Im Pass ist eine gleichseitige und gleichzeitige Bewegung daraus geworden. Das Problem taucht meistens auf bei Pferden mit besonders großem Schritt, der für den Betrachter im Ablauf langsam und langweilig aussieht. Eine passartige Fußfolge ist oft ein Zeichen für mangelnde Losgelassenheit. Der Reiter kommt nicht zum Treiben, weil das Pferd die treibende Einwirkung nicht annimmt. Oft ist ist die passartige Fußfolge eine „Quittung" dafür, dass das Pferd zu früh und zu stark mit der Hand geritten bzw. vom jungen Pferd zu viel gefordert wurde. Das Problem lässt sich am ehesten im Trab und Galopp korrigieren als in der fehlerhaften Gangart selbst. Ein ruhiger Sitz, aus dem die Schenkel am Pferdeleib rhythmisch mitatmen, ist hier besonders wichtig! Die Zügel müssen in der Länge so gewählt werden, dass der Hals als Balancierstange die Nickbewegung im Schritt ausführen kann. Also: Zügel länger lassen – am langen oder mit hingegebenen Zügel reiten.

Übungstipp:

Viel am langen Zügel das Pferd sich dehnen lassen. Wert legen auf eine sichere Trab- und Galopparbeit. Häufig übertreten lassen. Cavaletti-Arbeit oder am halb langen Zügel im Gelände klettern lassen, sind weitere Alternativen.

Der Schritt in Perfektion: sicherer Viertakt mit hingegebenem Zügel

Achtung!

Auf keinen Fall über längere Zeit am Zügel im passartigen Schritt reiten. Dadurch prägen Pferd und Reiter sich das falsche Bewegungsmuster noch mehr ein.

11. Mein Pferd wird oft übereifrig und besonders nach dem Galopp zeigt es nur sehr schlechten Schritt.

Gehfreude ist zunächst positiv und weitaus angenehmer als zu viel Triebigkeit. Eifer ist das Ergebnis unserer guten Pferdezucht mit blutgeprägten Pferden – die aber auch anders „bedient" werden wollen. Wer vom Diesel auf einen Sportwagen umsteigt, muss sich auch auf eine veränderte Fahrweise einstellen. Das gilt genauso für die reiterliche Einwirkung und Ausbildung. Wer ein gehfreudiges Pferd reiten will, muss auf einem ruhigen Pferd zuvor das Treiben gelernt haben. Nur wer treiben kann, ist in der Lage, gehfreudige Pferde zu reiten.

Die Probleme im Schritt sind wahrscheinlich nur das Symptom. Die Ursache für das Problem liegt vermutlich bereits im Galopp und ist durch zu viel Handeinwirkung entstanden.

Übungstipp:

Im Galopp die Zügel aus der Hand kauen lassen, viel überstreichen und dem Pferd damit das Gefühl des Eingezwängtseins nehmen. Nach gefühlvoll gerittenen halben Paraden muss der Reiter umso schneller wieder leicht werden in der Hand. Korrektur aus dem leichten Sitz heraus erarbeiten. Dabei häufig beruhigend die Stimme einsetzen und möglichst ohne Zügeleinwirkung das Pferd vom Galopp „in den Trab fallen lassen". Der Übergang in den Schritt sollte erst erfolgen, wenn sich das Pferd im Trab vorher – zunächst auf gebogenen Linien – sicher treiben lässt. Danach vom Trab in den Schritt hineinreiten unter deutlichem Treiben mit beiden Schenkeln und bei geschmeidigem Eingehen in die Pferdebewegung. Anschließend am langen Zügel Schritt reiten und das Pferd loben.

12. Ich schaffe es nicht, meinen 10-jährigen Trakehnerwallach versammelt zu galoppieren, da er nur rast.

Ein „rasendes" Pferd versammelt galoppieren zu wollen, dürfen wir uns als Ziel nicht vornehmen. Zunächst geht darum, ruhiger zu galoppieren. „Rasen im Galopp" ist eine plastische Schilderung. Aber wie sieht das Problem aus und unter welchen Umständen tritt es auf? So wie man wertvolle Schrittarbeit nur über Korrekturen im Trab und Galopp erzielt, so kann man einen wertvollen Galopp am besten erreichen, indem man zunächst die Trabarbeit in Ordnung bringt. Es kommt darauf an, ruhig und kontrolliert zu reiten. Vorherrschen muss die treibende Hilfe ohne übermäßigen Gebrauch der Zügelhilfe. Der Reiter muss den Mut haben, den Trab zunächst im höheren Tempo zu reiten. Lässt sich das Pferd auf diese Weise im Trab vom Reiter treiben, kann zur Galopparbeit übergegangen werden. Dieser Prozess kann mehrere Wochen dauern, da das Pferd erst im Trab gelassener werden muss.

Die „Zügelbrücke" über dem Pferdehals sichert dem Reiter die Balance. Ein ausgedrehter Zügel würde sich besser nachfassen lassen. (s. auch Zügelbrücke auf S. 28)

Übungstipp:

Vom verkleinerten Zirkel wieder vergrößern und erst dabei angaloppieren. Zunächst die Übergänge in den Gangarten Schritt und Trab üben und erst dann „raufschalten" bis zum Galopp. Öfter im leichten Sitz reiten und mit der Stimme das Pferd beruhigen. Dabei die Zügel als „Brücke" über den Hals legen. Das ist eine gute Selbstkontrolle, mit der ein Reiter vermeiden kann, unbewusst zu viel den Zügel einzusetzen. Kurze Reprisen reiten und wieder durchparieren, wenn das Pferd beginnt, wieder eiliger zu werden.

Die natürliche Bewegung des Pferdes zur Geltung bringen: Das ist „Besser reiten".

13. Meine Araberstute geht im Galopp passartig, d.h. sie fußt mit beiden inneren Beinen gleichzeitig auf. Was kann in der Ausbildung falsch gelaufen sein?

„Besser reiten" bedeutet, die natürlichen Bewegungen des Pferdes bestmöglich zur Geltung zu bringen – egal bei welcher Pferderasse. Der beschriebene Galopp ist sicherlich kein klarer Dreitakt mehr, wie es der Galopp von Natur aus bei allen Pferden ist. Taktfehler unter dem Reiter sind immer auch Einwirkungsfehler und Zeichen mangelnder Losgelassenheit. Sie entstehen oftmals aus zu viel Einwirkung mit der Hand. Das Festhalten am Maul verdirbt den korrekten Bewegungsablauf des Pferdes, besonders dann, wenn es nicht sicher an den treibenden Hilfen gehalten wird.

Übungstipp:

Der Fehler muss vornehmlich über den Sitz des Reiters korrigiert werden: Galoppieren im ausbalancierten leichten Sitz und dabei das Pferd mit den mitatmenden Schenkeln auffordern, von hinten sicher durchzuspringen. Auch hier können Sitzübungen an der Longe zusätzlich hilfreich sein, damit der Reiter sich zunächst ganz auf sich selbst konzentrieren kann.

Dieses Problem ist jedoch so komplex, dass hier die Hilfe eines erfahrenen Ausbilders erforderlich ist.

Lesehinweis:
Kapitel III: Fragen 2, 3
Kapitel VI: Fragen 1, 2

14. Mein Pferd ist nicht durchlässig.

Durchlässigkeit ist ein Dauerthema bei jedem Pferd bis hin zum Grand-Prix-Niveau. Sie muss jeden Tag neu erarbeitet werden und ist auch nie an jedem Tag gleich gut. Durchlässigkeit lässt sich immer weiter verbessern. Ein Mechaniker weiß: Damit das „Getriebe" sich ohne Verzögerung hoch- und runterschalten lässt, müssen sämtliche Getriebeteile immer wieder geölt und neu justiert werden. Das ist bei manchen Apparaten aufwändiger als bei anderen, aber es ist selten völlig unproblematisch. – Ähnlich verhält es sich auch mit der Durchlässigkeit unserer Pferde, bei denen es sich ja nicht um Maschinen handelt, sondern um Lebewesen, die auch Stimmungs- und Formschwankungen unterliegen. Durchlässigkeit ist das Oberziel der Skala der (dressurmäßigen) Ausbildung des Pferdes. Daher müssen in der Regel die entscheidenden Unterpunkte Takt, Losgelassenheit und Anlehnung kontrolliert und möglicherweise grundlegend verbessert werden.

Übungstipp:

Übergänge und Wendungen reiten. Dabei das Tempo über das Treiben regulieren, auf keinen Fall über rückwärtswirkende Zügelhilfen. Tempo-Unterschiede und auf kleineren und dann wieder auf größeren gebogenen Linien kontrolliert reiten. Gebogene Linien, korrektes Stellen und Biegen gymnastizieren das Pferd, machen es geschmeidig und durchlässig. In Ausnahmefällen kann es auch hilfreich sein, mit einer halben oder ganzen Parade energisch durchzukommen, damit das Pferd anschließend wieder auf fein abgestimmte Hilfen reagiert.

Übergänge sind Momente der Wahrheit: Ist ein Pferd in seinen Grundgangarten taktsicher, losgelassen und nachgiebig im Genick, werden seine Bewegungen über den Rücken und damit durch den ganzen Körper gehen. Dann ist ein Pferd „durchlässig".

Lesehinweis:
Kapitel IV: Frage 34

15. Meine Stute rollt sich ein, sobald ich die Zügel aufnehme. Wenn ich am Anfang die Zügel kürzer nahm, riss sie nur den Kopf hoch, deshalb reite ich sie inzwischen mit Schlaufzügel. Jetzt reagiert sie auf alle Hilfen, rollt sich aber immer noch ein. Auch

dann noch, wenn der Schlaufzügel durchhängt und der normale Zügel locker ist. Was kann ich tun, damit die „Rollkur“ aufhört?

Diese Stute ist leider reiterlich „krank“ und benötigt eine gewissenhafte Therapie. Sie muss Vertrauen zur Hand entwickeln. Durch den Einsatz des Schlaufzügels hat sie ein falsches Verhaltensmuster gelernt, das durchbrochen werden muss. Dazu wird als Erstes der Schlaufzügel ausgeschnallt. Ziel der Korrektur ist es, wieder „Druck auf das Gebiss“ zu bekommen. Die Stute muss sich an das Gebiss herandehnen. Dabei ist es zunächst Nebensache, ob sie über oder hinter dem Zügel ist. Das Einrollen ist oft ein Zeichen für mangelnde Balance, die das Pferd jetzt „hinter dem Zügel“ sucht, weil es nach vorn nicht weggelassen wurde. Der gefühlvolle Einsatz der vortreibenden Hilfen des Reiters ist jetzt in besonderer Weise gefordert.

Übungstipp:

Deutlich mit dem inneren Schenkel an den äußeren Zügel herantreiben. Ein Gegen-die-Hand-Gehen nicht als Konfrontation auffassen, sondern unbeirrt weiter versuchen, nach vorn zu reiten und dabei mit der Hand weich federnd den Kontakt zum Pferdemaul zu halten. Jedes Dehnen positiv verstärken und belohnen. Häufig mit den Zügeln in einer Hand reiten.

Achtung!

Ein Schlaufzügel ist ein Hilfszügel, der positive psychologische Wirkung haben kann, wenn er dem Pferd die Tendenz nach vorwärts-abwärts zeigt. Er ist völlig ungeeignet als mechanisches Instrument zum Beizäumen des Pferdes. Ein Schlaufzügel darf immer nur kurzfristig eingesetzt werden und nur vorsichtig anstehen. Er gehört nur in die Hand eines erfahrenen, gefühlvollen Reiters. Vor der Verwendung müsste ein Blick in das Physikbuch vorgeschrieben sein: Ein Flaschenzug halbiert den Kraftaufwand, aber der Weg des Seils ist doppelt so lang. Für den Reiter übersetzt, bedeutet das: Er muss mit dem Schlaufzügel auch immer doppelt so viel nachgeben wie mit dem normalen Zügel.

Wer mit dem Schlaufzügel nur an „Kopf runter“ denkt, gerät in eine reiterliche Sackgasse – und das auf Kosten des Pferdes!

Lesehinweis:
Kapitel V: Fragen 1, 2

16. Wie kann ich meinem Pferd helfen, dass es sich mehr traut, vorwärts-abwärts zu gehen. Es kommt immer gleich durchs Genick, ohne sich zu strecken, und ist daher nicht losgelassen.

Dem Pferd helfen wollen – das ist genau der richtige Ansatz für „besseres Reiten“. Die Arbeit mit dem Pferd ist ein partnerschaftliches Bemühen, in dem beide sich gegenseitig unterstützen müssen. Erst der gedehnte Hals ermöglicht einen aufgewölbten Rücken und damit dem Reiter bequemeres Sitzen. Das wiederum macht es dem Pferd angenehmer, die Last des Reitergewichtes zu tragen. Ein Pferd, das den Hals nur nach unten dehnt, aber dabei eng im Hals bleibt, steht nicht wirklich „vor dem Reiter, an den treibenden Hilfen“. Das Prinzip ist in diesem Kapitel schon oft beschrieben worden: Das Pferd muss das Gebiss suchen, der Reiter gestattet die Anlehnung. Nur auf diese Weise ist das Pferd in der Lage, sich auszubalancieren. Ein vorwärts-abwärts gedehnter Hals ist dafür die Voraussetzung.

Zügel-aus-der-Hand-kauen-Lassen. Die Hinterhand des Pferdes bleibt dabei weiter aktiv.

Übungstipp:

Zügel-aus-der-Hand-kauen-Lassen in allen Grundgangarten, in häufiger Wiederholung. Wenn es das Temperament des Pferdes erlaubt, viel Schritt mit hingegebenem Zügel reiten, damit sich das Pferd nach unten und oben dehnen kann. Das Abkauenlassen nach vorwärts-abwärts im Halten ist ebenfalls eine sinnvolle Übung. Vor oder nach der Trainingsstunde das Pferd zur Belohnung unter dem Reiter grasen lassen, um den Hals wirklich zur Dehnung zu bringen. Beim Reiten konsequent treiben und viel auf gebogenen Linien arbeiten. Dabei sicher am äußeren Zügel führen. Beim Reiten von Wendungen zeitweilig den inneren Zügel seitwärts weisend einsetzen, der so weniger Druck auf das Gebiss überträgt. Gelegentliches Vorgehen mit der äußeren Hand dehnt die äußere Seite des Pferdes zusätzlich.

Achtung!

Wird der Zügel nur verkürzt, verstärkt das die Tendenz des Pferdes, eng im Hals zu werden. Das Pferd muss die Anlehnung suchen, die der Reiter ihm dann gestattet – diese Aussage hat in der Reiterei eine zentrale Bedeutung!

Lesehinweis:
Kapitel V: Frage 2

17. Mein Pferd verwirft sich im Genick.

Verwerfen im Genick deutet auf einen Fehler in der Grundausbildung hin. Nur dort ist das Problem zu beheben. Es wäre verkehrt, an dem Symptom herumzudoktern: z.B. zu versuchen, durch „Handeinwirkung" nach aufwärts das linke oder rechte Ohr höher zu bekommen, um dadurch der schiefen Kopfhaltung des Pferdes entgegenzuwirken. Es gilt, die Grundlagen im Auge zu behalten. Ist das Pferd wirklich an den treibenden Hilfen? Ist es absolut sicher im Takt? Dehnt es sich nach vorn an das Gebiss heran? Häufig tritt das Problem auf, wenn Pferde im Hals zu eng gemacht werden. Falls sich das Pferd in erster Linie auf gebogener Linie oder in Seitengängen verwirft, ist das häufig ein Zeichen dafür, dass der äußere Zügel blockiert, besonders beim Reiten auf Kandare. Abhilfe schafft man, indem man zunächst die Grundlagen Takt, Losgelassenheit und Anlehnung sichert.

Übungstipp:

Das Pferd vor sich an die treibenden Hilfen bringen und den Takt sorgfältig sichern. Dabei darauf achten, dass das Pferd die gleichmäßige Anlehnung an beide Zügel sucht und dadurch in sich gerade wird. Eine gute Übung hierfür ist auch das häufige Zügel-aus–der-Hand-kauen-Lassen. Dabei auf die gute Vorwärtstendenz achten.

Achtung!

Mit dem Verwerfen geht häufig ein Schwungverlust einher. Das Pferd zieht sich innerlich zurück. Nach dem anfänglichen Taktverlust droht unter Umständen sogar eine Zügellahmheit, die eintritt, wenn das Pferd die treibenden Hilfen des Reiters nicht unmittelbar annimmt. Ein Verwerfen im Genick muss so früh wie möglich behoben werden. Sonst können zur mangelnden Geschmeidigkeit und fehlenden Durchlässigkeit noch Maulprobleme hinzukommen.

18. Mein Pferd geht ohne Schwung.

Nicht jedes Pferd hat die körperlichen Voraussetzungen für optimale Schwungentfaltung.

In jedem Fall kann der Reiter eine Verbesserung des Schwunges nur im Trab und Galopp verlangen. Nur in diesen so genannten schwunghaften Gangarten gibt es Momente, in denen das Pferd sich mit allen vier Beinen in der freien Schwebe befindet. Diese Schwebephase gilt es zu verlängern, um damit den Schwung zu verbessern. Im Schritt, mit seinem Viertakt, hat das Pferd immer mindestens zwei Beine auf dem Boden. Deshalb gibt es hier keine Schwebephase. Bevor der Schwung in Trab und Galopp verbessert werden

➜

→ kann, muss die Ausbildung anhand der ersten drei Punkte der Ausbildungsskala gründlich analysiert werden. Bewegt sich das Pferd wirklich im sicheren Takt und hat es dabei ein dem Pferd angemessenes Tempo? Geht es ehrlich losgelassen und schwingt es über den Rücken? Sucht es die Anlehnung und dehnt es sich zum Gebiss hin? Sind diese drei Voraussetzung gegeben, dann stellt die Verbesserung des Schwunges im Regelfall kein Problem dar. Meistens stammen die Schwierigkeiten aus Schwächen in den vorigen Stufen der Ausbildung. Deshalb muss man dort zunächst ansetzen. Schwung verbessern kann man nur aus einem ruhigen, kontrollierten Tempo heraus. Hast und Eile sind Schwungkiller, weil das Pferd dann seinen Rücken nicht elastisch auf- und abbewegen kann. Mangelnde Losgelassenheit des Pferdes ist ein zusätzlicher Schwungkiller, weil die Bewegungen nicht über den Rücken fließen und der Schwung im Rücken blockiert wird. Auch Anlehnungsfehler töten den Schwung. Ist das Pferd zu eng im Hals eingestellt, lässt es sich nicht an die Hand herantreiben. Geht das Pferd gegen die Hand und hebt sich nach oben aus der Anlehnung heraus, kann es nicht den Schub aus dem Hinterbein über den Rücken nach vorn über den Hals und durch das Genick ins Pferdemaul weiterleiten. Echter Schwung setzt gute Losgelassenheit des Rückens voraus. Ist diese nicht gegeben, wird auch ein schwungbegabtes Pferd nicht schwungvoll gehen können. Es fußt oftmals mit den Hinterbeinen hoch ab, kann aber nicht optimal nach vorne durchschwingen. Es kann sogar spektakuläre Bewegungen zeigen, die reiterlich aber bedenklich sind.

Schwung kommt aus der Hinterhand des Pferdes und wird nach vorne herausgelassen.

Übungstipp:

Für die Verbesserung des Schwunges setzt man am besten im Galopp an. Auf großer gebogener Linie die Sprünge zur offenen Seite hin aus dem Arbeitsgalopp bis zum Mittelgalopp verlängern. Klappt das Verstärken bis hin zum Mittelgalopp, wiederholt man diese Sequenz auch im Trab, nimmt sozusagen den Schwung aus dem Galopp mit in die niedrigere Gangart. Tempo-Variationen auf der gebogenen Linie fallen dem Pferd oftmals leichter als auf der geraden und gelingen deshalb kontrollierter und taktsicherer. Deshalb erst auf dem Zirkel beginnen und dann die Übungen auf die ganze Bahn ausweiten. Stets mehrere, aber dafür kurze Reprisen üben. Nicht gleich eine ganze lange Seite fordern.

Achtung!

Das Pferd gut an den treibenden Hilfen behalten und betont darauf achten, dass die Hand nicht rückwärts wirkt. Das Pferd muss die vortreibende Hilfe annehmen, ohne dabei „wegzueilen". Der Reiter sitzt beim Zulegen geringfügig leichter, er entlastet mit leicht nach vorn geneigtem Oberkörper. Wer sich stattdessen nach hinten lehnt, blockiert den Rücken und verhindert damit die Entfaltung des Schwunges, erreicht also das Gegenteil.

Schwung bedeutet größere, ausdrucksvollere, aber nicht eiligere Tritte oder Sprünge. Auch im versammelten Tempo soll das Pferd schwungvoll gehen. Es zeigt dann allerdings weniger Raumgriff als in der Verstärkung.

19. Mein Pferd wird oft zu eilig.

Die erste Bedingung für besseres Reiten ist: Vortreibende und annehmende Hilfen müssen vom Reiter eindeutig gegeben und vom Pferd gehorsam angenommen werden. Stärker durchhaltende Hilfen machen ein eiliges Pferd nicht ruhiger, sondern eiliger. Es mag zunächst unlogisch klingen: Ein eiliges Pferd ist vielfach deshalb eilig, weil es sich nicht treiben lässt bzw. nicht getrieben wird. Oftmals treibt der Reiter nicht, sondern streckt die Schenkel vom Pferdeleib weg und lässt das Pferd so gehen, wie es sich anbietet. Das eilige Pferd wird dann noch eiliger und kann im schlimmsten Fall sogar durchgehen.

Übungstipp:

Viel auf gebogenen Linien reiten und bewusst mit der flachen inneren Wade an den äußeren Zügel herantreiben. Das Pferd muss den Schenkel „annehmen", anstatt zu fliehen, muss am Schenkel „desensibilisiert" werden. Wird das Pferd triebiger, hat der Reiter gewonnen. Um das eilige Pferd zu beruhigen, geht man entgegengesetzt vor wie bei der Entwicklung von Schwung. Ist das eilige Pferd im Trab noch eilig, wird es im Galopp kaum zu →

kontrollieren sein. Deshalb beginnt man mit den Tempovariationen im Trab und geht erst später zum Galopp über, wenn das Treiben im Trab gelingt.

Ein eiliges Pferd wird nur durch Treiben ruhiger, auf keinen Fall durch starkes Annehmen der Zügel. Das verschlimmert nur das Problem! „Vorne leicht werden", heißt die Devise. Die ruhige treibende Hilfe gibt dem Pferd das Tempo und den Rhythmus vor. Der Reiter muss das Pferd an den treibenden Hilfen und damit vor sich haben. Dieses Prinzip ist in allen Grundgangarten und Tempi zu beachten. Gefühlvolle Übergänge in und zwischen den Gangarten können dabei helfen, besser zum Treiben zu kommen.

Lesehinweis:
Kapitel IV: Frage 5

20. Meine neunjährige Stute hat Probleme beim Rückwärtsrichten.

Rückwärtsrichten, das sind je nach Ausbildungsstand des Pferdes zwei ganz verschiedene Übungen. Bei einem jungen Pferd ist das Rückwärtsrichten eine Gehorsamsübung. Bei einem älteren Pferd werden die Durchlässigkeit und der Versammlungsgrad geprüft, ja sogar verbessert. Dazu gab es früher bis hin zum Grand Prix die Lektionen Rückwärtsrichten und „Schaukel". Bei der „Schaukel" muss das Pferd gerade und ohne Stockungen, ganz gleichmäßig eine bestimmte Anzahl von Tritten bzw. Schritten zurück- und wieder vortreten. Beim Rückwärtsrichten hilft es, sich die Lektion als Rückwärtsreiten vorzustellen. Es darf dabei niemals „am Zügel nach hinten gezogen" werden, um das Pferd in Bewegung zu setzen. Der Reiter treibt vielmehr wie beim Anreiten auch nach vorn, lässt aber im Moment der Vorwärtsbewegung die Hand gefühlvoll stehen. Dadurch wird die Vorwärtsbewegung in die andere Richtung „umgeleitet", also nach hinten.

Übergänge in und zwischen den Gangarten sind eine gute Vorbereitung. Dabei haben die Durchlässigkeit des Pferdes und die Genickkontrolle besondere Bedeutung. Im Regelfall wird das Rückwärtsrichten besser, wenn das Pferd durchlässiger wird und dadurch die treibenden und die verhaltenden Hilfen sicherer annimmt.

Übungstipp:

Wendungen auf der Vorhand sind eine gute Vorbereitung für das Rückwärtsrichten. Das Pferd soll sich stellen (nicht biegen) lassen und den seitwärts treibenden Schenkel annehmen. Dazu stellt man den Hals etwas tiefer ein. Regelmäßiges Üben ist erforderlich, aber aufhören, bevor Widerstand aufkommt. Mit Gewalt geht hier gar nichts! In schwierigeren Fällen kann ein Helfer am Boden unterstützen. Beim Rückwärtsrichten werden mit einer Gerte leicht das Vorderbein oder die Brust angetickt. Eventuell kann der Helfer auch im Takt an den Gebissringen spielen. Sichere Wirkung zeigt der aus der Osteopathie bekannte „Buggriff", bei dem der Helfer in Höhe des Buggelenks in die Brustmuskulatur greift. Die meisten Pferde weichen dieser Berührung.

Ein Griff des Ausbilders an den Brustmuskel lässt das Pferd willig zurücktreten.

Achtung!

Rückwärtsrichten auf keinen Fall mit Gewalt erzwingen, denn Gewalt erzeugt Widerstand beim Pferd. Das Pferd ist immer stärker als der Mensch.

21. Mein Pferd tritt rückwärts schief zurück. Wie schaffe ich es, gerade zu bleiben?

Gerades Zurücktreten kommt aus besserem Schenkelgehorsam. Weicht das Pferd z.B. nach links aus, muss mit dem verwahrenden Schenkel auf dieser Seite vermehrt gegengehalten werden. Bei gutem Gehorsam im Rückwärtsrichten ist ein schiefes Zurücktreten ein geringes Problem, das sich oftmals leicht korrigieren lässt.

➜

Übungstipp:

➜ *Die Bande als Hilfsmittel nutzen und zunächst z.B. auf der rechten Hand üben, falls das Pferd einseitig nach links ausweicht. Wenn die Hinterhand des Pferdes nach innen in die Bahn drängt, sollte man schon beim Durchparieren zum Halten und dann beim Rückwärtsrichten selbst an „Schulter herein" denken und schon mit leicht in Richtung zum zweiten Hufschlag gestellter Vorhand zum Halten kommen. Achtung: Darauf achten, dass das Pferd im Stand geschlossen steht und alle vier Beine gleichmäßig belastet. Ist das nicht der Fall, ist ein schiefes Rückwärtsrichten vorprogrammiert.*

22. Mein achtjähriger Wallach soll jetzt lernen, auf Kandare zu gehen, und macht das auch gut. Aber am nächsten Tag ist er undurchlässig, rennt los und nimmt keine Parade mehr an. Wodurch kommt das und was kann man tun?

Die Kandare ist ein Zaum zum Verfeinern aller Hilfen, also kein Werkzeug, mit dem sich mehr Durchlässigkeit herstellen lässt. Falls es Grundlagenprobleme beim Reiten auf Trense gibt, lassen sich diese auf keinen Fall über die Kandarenstange mit ihrer Hebelwirkung beheben. Ganz im Gegenteil! Das Pferd wird in hohem Maße unzufrieden, undurchlässig, und eine ggf. vorher erreichte Harmonie zwischen Reiter und Pferd wird vom Pferd aufgekündigt. Hat der Reiter auf Trense sein Pferd solide gearbeitet, wird es kaum Probleme beim Reiten auf Kandare geben.

Andersherum: Hat der Reiter sein Pferd auf Kandare gefühlvoll gearbeitet, wird das Pferd anschließend auf Trense besser gehen. Wenn nicht, ist das die Quittung für unvorsichtigen Einsatz der Kandare.

Übungstipp:

Zum Gewöhnen am besten eine Kandare mit mittellangen Anzügen (7 Zentimeter Länge) und leichter Zungenfreiheit benutzen. Die so genannte Baby-Kandare mit ihren kürzeren Anzügen ist vermeintlich sanfter, wirkt aber deutlich schneller ein. Deshalb ist dieses Gebiss keine wirklich geeignete Alternative für unerfahrene Reiter oder junge Pferde. Die Kandare wird zunächst betont stumpf verschnallt, d.h. mit längerer Kette. Das Unterleggebiss beim Reiten vorherrschen lassen und dem Pferd Zeit geben, sich an das Kandarengebiss zu gewöhnen. Besonders Pferde mit kurzer Maulspalte haben mit dem Kandaren-

Schwarz-weißer Kontrast auf Kandare: Der gleiche Reiter mit zwei verschiedenen Pferden. Er zeigt korrektes Dehnen an die Hand und falsch verstandenen Zug von vorn nach hinten.

und dem Unterleggebiss im Maul schnell, bildhaft gesprochen, „die Schnauze voll". Deshalb: In der Gewöhnungsphase an die Kandare nicht lektionsorientiert reiten, sondern das Pferd zunächst in den drei Grundgangarten auf großen Linien arbeiten und in jeder Hinsicht Vorsicht walten lassen. In dieser Ausbildungsphase gilt der Grundsatz in besonderer Weise: Weniger ist oftmals mehr! Um den Gewöhnungsprozess an die Kandare zu erleichtern, kann man auch versuchen, im Laufe der Trainingsstunde Trense und Kandare abzuwechseln, also die Kandare erst nach der Lösungsphase benutzen oder umgekehrt auf Kandare gezäumt lösen und später in der Arbeitsphase erneut die Trense verwenden.

Achtung!

Darauf achten, dass das Pferd auf Kandare nicht die Zunge hochzieht oder andere Maulprobleme zeigt. Das Verkürzen der Kinnkette oder Zuschnüren des Nasenriemens sind keine Lösung. Dies muss ausdrücklich abgelehnt werden

Die Kandare fordert die korrekte Ausbildung von Pferd und Reiter. Sie ist kein Problemlöser bei Mängeln in der Ausbildung.

!

23. Ich habe mit elf Jahren mein damals sechsjähriges Pferd bekommen. Am Anfang ging es gut, aber jetzt werden Dressur und Springen immer schlechter. Es lässt die Hinterhand schleifen, nimmt keine Paraden mehr an, läuft mir unter dem Hintern weg und geht nicht mehr am Zügel. Mein Reitlehrer meint, es stehe nicht ehrlich an den Hilfen und drücke zu oft den Rücken weg. Was kann ich tun, damit das besser wird?

Das richtige Gefühl vermitteln: Das ist Ausbildung.

Ein sechs Jahre altes Pferd ist noch jung und benötigt weitere Ausbildung. Es gibt keinen Reiter, der das mit elf Jahren alleine leisten kann. Ohne Hilfestellung eines Reitlehrers ist das eine ungünstige Konstellation. Ein junges Pferd ist für einen reiterlichen Anfänger – egal welchen Alters – immer problematisch, weil sich zu viele Missverständnisse in der Einwirkung einschleichen können. Ohne Reitunterricht bei einem Ausbilder funktioniert diese Kombination nicht.

Übungstipp:

Das Pferd von einem erfahrenen Reiter ausbilden bzw. mitreiten lassen. Ein junger Reiter sollte häufig verschiedene Pferde reiten, um den Sitz weiter auszubalancieren, das reiterliche Gefühl zu verbessern und damit die Einwirkung zu schulen.

24. Mein Traber hat im Galopp große Schwierigkeiten, gerade bei Übergängen vom Galopp zum Trab, die für die Durchlässigkeit wichtig sind. Gibt es noch andere Übungen, damit ich ihn zu mehr Aufrichtung bringen kann?

Durchlässigkeit und Aufrichtung haben hier nichts miteinander zu tun. Die Aufrichtung ergibt sich von ganz allein, wenn ein Pferd durchlässiger wird und mehr Last mit der Hinterhand aufnimmt. Traber haben oft Schwierigkeiten im Galopp sicher im Dreitakt zu bleiben. Die Frage ist hier, wie zunächst der Übergang vom Trab in den Galopp gelingt. Steht das Pferd beim Angaloppieren wirklich vor den treibenden Hilfen? (Das Pferd auf keinen Fall nur über eiliges Traben in den Galopp „hineinfallen" lassen.) Wenn das gut klappt, dann funktioniert es auch bald andersherum.

Das Erreichen einer natürlichen Aufrichtung bzw. Selbsthaltung ergibt sich von selbst, wenn das Pferd sich treiben lässt und gelernt hat, seinen Körper sicher zu balancieren.

Übungstipp:

Insgesamt versuchen, das Pferd im Trab ruhig und kontrolliert zu reiten. Zunächst auf die Übergänge vom Trab in den Galopp konzentrieren. Der Erfolgsschlüssel heißt: Das Pferd im Moment des Angaloppierens und während des Galopps vor sich haben und damit den Takt sichern. Zunächst im etwas freieren Tempo galoppieren. Dabei darf das Pferd aber nicht eilig werden und muss von hinten geschlossen gehalten werden.

25. Kann man durch leichtes Rechts-links-Stellen der Halswirbel das Pferd im Genick locker machen?

Nein, das kann man nicht und dahinter wird ein ganz dickes Ausrufezeichen gesetzt! Nur das Reiten in korrekter Stellung mit deutlichem Treiben des inneren Schenkels gegen den äußeren Zügel „lockert" die Wirbel am Kopf-Hals-Ansatz, niemals am ganzen Hals. Hinter der Frage – die übrigens gar nicht so selten gestellt wird – steht der Gedanke an eine Übertragung aus dem allgemeinen Sport, an das Stretching zur besonderen Gymnastizierung gezielter Körperteile. Ein Pferd lässt sich so nicht gymnastizieren, auch wenn dies einzelne Reiter immer wieder praktizieren. „Stretching" oder Stellen und Biegen funktionieren nur von der Hinterhand aus über die treibende Einwirkung des Reiters. Bei einem gut ausgebildeten Pferd lässt sich das bereits daran erkennen, dass selbst kleinste Bewegungen für die korrekte Stellung ausreichen: Bei jedem Umstellen kippt der Mähnenkamm sofort auf die andere Seite über. Es ist also nur wenig Bewegung notwendig, um die Halswirbel zu beeinflussen.

Übungstipp:

Das Reiten von Schlangenlinien an der langen Seite und durch die Bahn sind gute Übungen, um über eine Verbesserung von Stellung/später Biegung das Pferd im Genick zu lockern. Das Aus-dem-Zirkel-Wechseln, das Reiten von Achten sind weitere Lektionen, die später abgefragt werden können. Wenn das Pferd sicher den inneren Schenkel akzeptiert, kann kurzzeitig die Stellung verstärkt werden. Voraussetzung dafür ist die sichere Führung am äußeren Zügel – ohne zu klemmen. Das Pferd muss sich also sicher auf einer gebogenen Linie reiten lassen.

Achtung!

Stellen, ohne zu treiben, bringt das Pferd auf die Vorhand, macht es eng im Hals und fest im Rücken, blockiert damit die Hinterhand. Pferde müssen immer in der Bewegung gearbeitet werden. Ein ausschließliches „Bearbeiten" des Genicks ist im Halten nicht möglich.

1.: *Anstelle des Rechts-links-Stellens sollte der Reiter sich vielmehr auf die nachgebende Zügelhilfe konzentrieren, die die wichtigste Zügelhilfe ist. Wer im richtigen Moment nachzugeben versteht, wird auch ein im Genick nachgiebiges Pferd haben. Dieses Nachgeben stellt man sich am besten nur als Abspannen der vorher im positiven Sinn angespannten Muskulatur vor. Ein aktives Vorgehen mit der Hand ist im weiteren Verlauf der Ausbildung immer weniger erforderlich.*

2.: *Korrekte Stellung heißt Augen- und Nüsternrand des Pferdes schimmern zu sehen. Es heißt nicht: „Schau mir in die Augen, Kleines."*

26. Ich habe ein 12-jähriges Pferd gekauft, das international S-Springen gegangen ist und dann „sauer" wurde. Ich möchte mit ihm Dressur reiten. Schon beim Probereiten war der Wallach fest in der Hand und verkroch sich dann hinter dem Zügel. Mit Schlaufzügeln geht er, die kennt er zweifellos. Auf meiner dicken, doppelt gebrochenen Wassertrense lümmelt er nur herum oder entzieht sich nach oben. An der Longe läuft er sehr schön, braucht aber mit Dreieckszügel sehr lange, bis er sich vorwärts-abwärts streckt. Bei jeder Irritation nimmt er den Kopf hoch und drückt den Rücken durch. Wie kriege ich mein Pferd rund und locker?

Es ist ein langer und weiter Weg, ein Pferd diesen Alters und Ausbildungsstandes umzustellen auf eine andere Reitweise. Anstelle des Schlaufzügels sollte ein Dreieckszügel verwendet werden, der zunächst kürzer und dann allmählich länger werdend einzuschnallen ist. In diesem Stadium sollte unbedingt ein Reitausbilder mit hinzugezogen werden. Die Wahl des richtigen Zeitpunkts zum Verlängern und schließlich Entfernen des Hilfszügels bedarf eines besonderen Fingerspitzengefühls.

Übungstipp:

Alle an anderer Stelle bereits beschriebenen Übungen und Vorgehensweisen, die Dehnung und Rückentätigkeit verbessern und das Pferd in die Vorwärts-abwärts-Bewegung bringen, sind hier ebenfalls anzuwenden. Ziel ist eine verbesserte Selbsthaltung. Dazu muss der Reiter gefühlvoll treiben. Der Reiter sitzt zunächst im entlastenden Dressursitz (leicht nach vorn geneigt), um dann schließlich zum mehr belastenden Sitz überzugehen. Gelegentlich sollte ohne Bügel geritten werden. Dabei ist auf die Losgelassenheit von Reiter und Pferd in besonderer Weise zu achten. Das Pferd soll ganz sicher und bewusst vor dem Reiter und damit an der treibenden Schenkel- und Gewichtshilfe bleiben.

Lesehinweis:
Kapitel V: Fragen 1, 4, 5, 29

➜

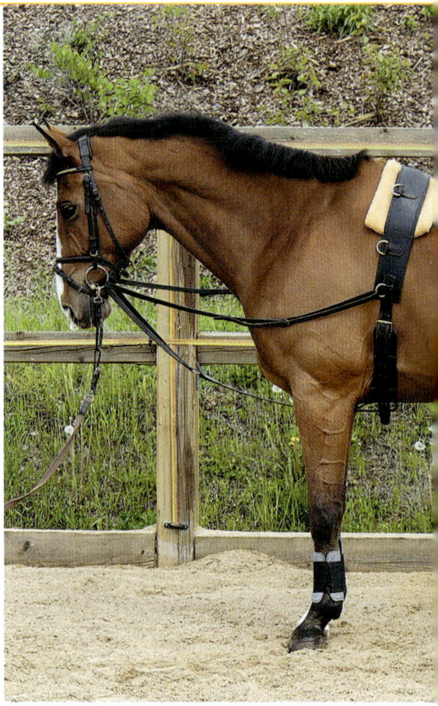

Dreieckszügel korrekt verschnallt für das Longieren. Wird der Longiergurt über einen Sattel aufgelegt, vermeidet man Druckstellen.

➜ *Auch Longieren ist ein guter Weg zum Ziel, wenn der Hilfszügel richtig verschnallt ist. Longe und Peitsche müssen das Pferd korrekt „einrahmen“. Bei einem Pferd dieses Alters spielt auch der richtige Untergrund des Longierzirkels eine entscheidende Rolle, damit das Longieren zum Erfolg führt. Der Boden darf weder zu hart noch zu tief sein, muss vor allem tritt- und rutschsicher sein.*

Lesehinweis:
Kapitel V: Fragen 2, 4, 5, 7, 14, 16

27. Bei meinem Pflegepferd kann ich auf der rechten Hand wunderbar mit der äußeren Hand dranbleiben und innen stellen und biegen. Auf der linken Hand geht das überhaupt nicht. Da guckt die Stute nach außen und wenn ich dann innen noch was machen würde, wäre der Kopf an der Decke. Woran liegt das?

Zunächst eine Definition vorweg: Innen ist stets die Seite, in die das Pferd gestellt ist. Das kann auf der rechten Hand sowohl rechts als auch links sein. Umgekehrt gilt dies natürlich genauso.

Gegenfrage: Funktioniert das auf der rechten Hand wirklich alles wunderbar? Wenn die Arbeit auf der linken Hand so deutlich andere Ergebnisse zeigt, kann die natürliche Schiefe des Pferdes die Ursache des Problems sein. Ein Pferd mit natürlicher Schiefe nach rechts kommt mit der Hinterhand nach innen in die Bahn und drückt gegen den äußeren, linken Zügel. Bei genauer Betrachtung ist wahrscheinlich das Gebiss auch etwas nach links herausgezogen. Rechts nimmt das Pferd das Gebiss nicht an.

Übungstipp:

Erst zum Lösen vermehrt auf der „guten“ Seite bleiben. In diesem Fall auf der rechten Hand bleiben und nur kurzzeitig auf die linke wechseln. Zunächst vor dem linken Schenkel weichen lassen, um den

Schenkelgehorsam zu verbessern und dadurch Anlehnung an den rechten Zügel zu bekommen. Rechte Hand ruhig und tief stehen lassen! Mit der linken Hand keinesfalls „festziehen", sondern immer wieder mit der Hand leicht werden. Danach folgt die gerade richtende Biegearbeit in Verbindung mit dem Reiten auf gebogenen Linien. Dabei darauf achten, dass das Pferd sich gut an die Hand des Reiters herandehnt. Das Pferd muss insgesamt lernen, den rechten Zügel zu akzeptieren. Voraussetzung hierfür ist das sichere Durchtreiben mit dem inneren Schenkel an die rechte Hand auf gebogenen Linien. Der Reiter muss dabei das Gefühl entwickeln, sein Pferd mehr und mehr zwischen seinen Schenkeln und seinen Händen einzurahmen. Wenn das der Fall ist, wird sich das Pferd nicht mehr – oder nicht mehr so deutlich – herausheben.

Achtung!

Im Regelfall sollte ein Dreieckszügel zur Hilfe genommen werden. Der geschilderte Fall klingt ganz so, als bedeute die linke Hand für das Pferd schon „Krawall", bevor es linksherum geritten wird. Das Problem wird sich nur im positiven Miteinander lösen lassen. Ein Gegeneinander bringt nichts. Das ist ein gänzlich falscher Weg.

28. Wie reite ich einen schönen raumgreifenden Mitteltrab mit meinem Pony? Es wird immer nur schneller oder galoppiert an.

Um einen schönen, raumgreifenden Mitteltrab zu erreichen, darf das Pferd auf keinen Fall eiliger werden. Im Arbeitstrab muss das Pferd aus ruhigem Tempo heraus das Treiben des Reiters annehmen. Das gelingt, wenn das Pony zunächst nur lernt, die Tritte im Trab zu verlängern. Ein korrekter Mitteltrab ist ein besonderer reiterlicher Prüfstein, der in der Ausbildung erst zu einem späteren Zeitpunkt gefordert werden darf.

Übungstipp:

Auf großer gebogener Linie zunächst auf beiden Händen betont kontrolliertes Arbeitstempo im Trab reiten und dabei deutlich das Pferd mit dem äußeren Zügel „führen". Dann einige wenige Tritte zulegen und danach bewusst aktiv parieren, d.h. über gut vorbereitende halbe Paraden bei deutlichem Treiben. Dabei muss der Reiter das Gefühl haben, vom Tritteverlängern in den Arbeitstrab hineinzureiten. Auch dabei muss unbedingt der Takt erhalten bleiben. Bei sehr triebigen Pferden kann man versuchen, den Mitteltrab zu verbessern, indem man zunächst im Mittelgalopp ansetzt, um damit „Schwung in die →

➜ *Sache" zu bringen. Wenn das Pferd im Galopp mit großen Sprüngen auf leichte, treibende Einwirkung hin nach vorne galoppiert, lässt sich auch der Mitteltrab verbessern. Häufiges Leichttraben und Galoppieren im leichten Sitz kann die Arbeit erleichtern.*

Lesehinweis:
Kapitel V: Frage 18

Achtung!

Das Zulegen zum Mitteltrab ist anstrengend für das Pferd. Deshalb nur allmählich die Anzahl der Tritte steigern. Das Pferd darf dabei nicht eiliger werden, sonst ist das Ergebnis kein wahrer Mitteltrab, sondern nur ein schnelles Arbeitstempo ohne ein Verlängern der Schwebephase und ohne echte Schwungentfaltung.

29. Welche Übungsreihen fördern die Losgelassenheit?

Je nach Ausbildungsstand des Pferdes sind auf dem Dressurviereck folgende Übungen empfehlenswert:

➜ Übergänge zwischen Arbeitstrab und Arbeitsgalopp – das ist die entscheidende Schlüsselübung. Dabei häufig die Gangart wechseln und viel auf gebogener Linie reiten. Handwechsel dabei nicht vergessen!

➜ Schenkelweichen auf beiden Händen und Variationen davon, wie Viereck verkleinern und vergrößern. Auch die Vorhandwendung ist eine gute Übung, die auch die Koordination in der Feinabstimmung bei der Hilfengebung überprüft.

Förderung der Losgelassenheit: Überwinden von Gymnastiksprüngen

- Leichttraben auf gebogenen Linien oder der ganzen Bahn. Dabei aus dem Arbeitstrab heraus mehrfach geringfügig zulegen („Tritte verlängern"). Schließlich die gleiche Arbeit im Galopp. Dabei leicht die Sprünge verlängern und wieder einfangen. Zunächst dabei im geringfügig entlastenden Dressursitz bleiben.
- Eine Vielzahl weiterer Übungen lassen sich auch im Gelände, bei Gymnastiksprüngen und über Cavaletti durchführen, auf die zum Teil an anderer Stelle des Buches eingegangen wird.

Eine ideale Überprüfung ist das Zügel-aus-der-Hand-kauen-Lassen. Das hilft auch, die Losgelassenheit zu verbessern. Immer wieder die Zügel herauskauen zu lassen, sollte in keiner Trainings- oder Ausbildungseinheit fehlen. Das Pferd folgt dann mehr und mehr dem Gebiss und lernt, sich zu dehnen. Es darf dabei nicht eiliger werden oder aus dem Takt kommen. Wichtig ist, dass der Zügel stets eine weiche – gleichmäßig anstehende – Verbindung zwischen Reiterhand und Pferdemaul gewährleistet. Auch gelegentliches Überstreichen im Trab oder Galopp gibt schon gute Hinweise auf die Losgelassenheit und vor allem die natürliche Selbsthaltung.

Lesehinweis:
Kapitel VI, Fragen 8, 17

VI. Besser Springen

Springen – das ist für viele Reiter der Grund, sich überhaupt auf ein Pferd zu setzen und Reiten zu lernen. Fernsehübertragungen vom Springreiten schlagen alle anderen Disziplinen im Reitsport um Längen in der Gunst der Zuschauer. Ludger Beerbaum ist ein Vorbild für jeden jungen Reiter, der irgendwann einmal die Startglocke hört. Fritz Thiedemann und Hans Günter Winkler, ihre Namen kannte und kennt heute noch jeder Sportinteressierte in Deutschland, ob er für den Reitsport etwas übrig hat oder nicht. Beflügelt von der Kraft einer Pferdestärke durch die Luft zu fliegen, mühe- und schwerelos – da sind viele sicher: Etwas Schöneres kann es nicht geben. Hier wird Reiten zur Kunst. Aber Kunst kommt von Können, und auch große Sprünge übt man erst als kleine Hopser über niedrige Höhen. In dieser Form ist das Springen Gymnastik für jedes Pferd, ganz gleich, welcher Rasse und welcher Disziplin, und dann bleibt das Reiterherz auch bei steigenden Anforderungen da, wo es hingehört. Geben wir es doch zu: Der Nervenkitzel, das Überwinden von Bedenken und Ängstlichkeiten, das macht einen großen Teil der Faszination aus, die Springen auf den Reiter ausübt. Aber für das Überwinden von Hindernissen gilt genauso wie für alle anderen Dinge im Leben: Zunehmende Fertigkeit gibt Sicherheit, und Übung macht den Meister. Also üben wir – dann gelingt es auch im Stangenwald, das bessere Reiten.

1. Im Dressursitz habe ich keine Schwierigkeiten. Wie kann ich meine Balance im leichten Sitz verbessern?

Durch Üben und Probieren beim Lösen dieser Aufgabe, die doch im Dressursitz schon gut gelingt. Der leichte Sitz lässt sich zwar erklären, aber alle Erklärungen ersetzen nicht das persönliche Erfühlen.

Darum geht es: Der leichte Sitz bringt den Reiter vom weniger zum allmählich immer mehr entlastenden Springsitz. Der Reiter darf jedoch nur so sein Gewicht auf die beiden Bügel verteilen, dass das Gesäß leicht aus dem Sattel genommen wird, aber noch Fühlung zum Sattel hat. Der Schwerpunkt des Reiters (in Höhe des Bauchnabels) kommt dabei immer näher an den Schwerpunkt des Pferdes, der knapp hinter der Schulter liegt. Dies wird möglich durch ein Vornehmen des Oberkörpers bei leichtem Abknicken in der Hüfte. Dabei muss das Gesäß gleichzeitig nach hinten ausweichen, damit das Gleichgewicht erhalten bleibt. Die Bügel werden dazu zwischen drei und fünf Loch verkürzt, je nach Aufgabe, Kondition, Ausbildungsstand und Körperbau von Pferd und Reiter. Im leichten Sitz federn sämtliche Gelenke des Reiters und lassen den Schwung der Bewegung des Pferdes durch den ganzen Körper fließen. Wichtig ist vor allem, das Sprung- bzw. Fußgelenk nicht voll durchzutreten, damit das Gelenk elastisch federn kann und der Schwung hier nicht „stecken bleibt“. Hierzu kann der Bügel etwas weiter hinten am Fußballen aufgenommen werden. Die Hände sind beidseitig vor dem Widerrist angelehnt, aber nicht angepresst. Die Finger müssen den Mähnenkamm spüren.

Übung an der Longe: Der Reiter fühlt sich an den leichten Sitz heran.

Als Stütze zum Üben oder bei heftigen Pferden kann man mit den Zügeln eine „Brücke“ formen, die dem Oberkörper mehr Halt und Unterstützung bietet. Die Augen schauen über die Pferdeohren hinweg geradeaus. Der Blick geht voraus auf die nächste Aufgabe, den nächsten Sprung oder die nächste Wendung und die Wegführung im Gelände. Der Kopf wird aufrecht mit Blick nach vorne getragen, aber nicht übertrieben in den Nacken gelegt. Der Kopf soll deshalb oben bleiben, weil auch der Reiterkörper leider den Gesetzen der Schwerkraft unterliegt. Weist der Kopf nach unten, dann folgt das Gewicht des Körpers bei einem „Rumpler“ des Pferdes schnell hinterher. Insgesamt soll alles möglichst rund und geschmeidig aufeinander abgestimmt sein.

➜

Übungstipp:

→ *Zuerst den leichten Sitz in weniger entlastender Form erfühlen – zunächst im Halten, dann im Schritt und Trab. Erst dann sollte auf gebogenen Linien und später auf einem großen Viereck oder einem Springplatz galoppiert werden. Das Finden der richtigen Balance kostet Zeit. Die muss sich jeder Reiter nehmen, der Freude beim Ausreiten oder Springen im sicheren leichten Sitz haben will. Um die Reiterhilfen auch im leichten/entlastenden Sitz sicher anwenden zu können, sollte man z.B. das Zulegen und Einfangen des Tempos üben. Das wird auch beim Reiten eines Parcours abgefragt. Aus solchen Übungen ergeben sich Sicherheit, Balance und Einwirkung auch im leichten Sitz.*

Achtung!

Verkrampfungen vermeiden und nicht zu viel auf einmal verlangen. Kein Gelenk darf „bis zum Anschlag" gespannt sein. Der leichte Sitz fordert andere Muskelpartien in Bein und Rücken als der Dressursitz. Deshalb darf man auch hier die Anforderungen nur allmählich steigern, um Überanstrengung, Verkrampfungen und daraus entstehenden Muskelkater zu verhindern.

2. Warum habe ich das Pferd im leichten Sitz oft nicht „bei mir"?

Das Reiten im leichten Sitz wird oft missverstanden. „Bügel kürzer und ab die Post" ist nicht die richtige Ausführung der Aufgabe. Beim richtig ausgeführten leichten Sitz kommt der Reiter vom belastenden zum mehr entlastenden Sitz, bei dem Balance und Einwirkung wie im Dressursitz gefordert sind. Das Pferd muss an den treibenden Hilfen bleiben und darf nicht von allein wegeilen. Es muss sich wie beim Dressurreiten auch treiben lassen. Je besser die Rittigkeit des Pferdes, desto mehr Entlastung und höheres Tempo sind erlaubt.

Ein kontrollierter leichter Sitz auf einem älteren und gut ausgebildeten Pferd bietet Parallelen zum Reiten mit Kandare. So wie man mit der Kandare nicht das erreicht, was schon bei Trensenzäumung nicht gelingt, so stellt auch der korrekte leichte Sitz eine höhere Anforderung an die reiterliche Einwirkung dar. Steht das Pferd im Dressursitz nicht voll an den Hilfen, dann wird das im leichten Sitz erst recht nicht zu erreichen sein.

Hier hat die Sitzhilfe, also die beidseitig belastende Gewichtshilfe, eine nur reduzierte Wirkung. Sie wirkt über die Oberschenkel. Entscheidend ist deshalb die korrekte Schenkellage. Der am Gurt treibende Unterschenkel sorgt dafür, das Pferd vor sich, also an den treibenden Hilfen zu haben.

Kontrolliert im leichten Sitz: Das Pferd steht sicher an den Hilfen.

Übungstipp:

Zunächst nur kurze Reprisen galoppieren und viele Übergänge auf gebogenen Linien reiten. Für optimale Kontrolle die äußeren Hilfen wie beim dressurmäßigen Reiten einsetzen und Kontrolle über die Balance des Oberkörpers üben. Durchparieren, bevor das Pferd auf die Vorhand kommt. Ziel ist immer, die Hinterbeine des Pferdes wieder unter den Schwerpunkt zu bringen. Danach behutsam Tempounterschiede innerhalb des Galopps herausarbeiten.

Achtung!

Ein Pferd folgt seinem Fluchtinstinkt. Es läuft vor einer unangenehmen Belastung weg. Deshalb weich mitschwingen und nicht mit den Schenkeln klammern, sondern sie am Pferdeleib mitatmen lassen. Annehmen und vor allem Nachgeben beim Parieren durch Eindrehen bzw. leichtes Öffnen und Schließen der Hände. Auf keinen Fall die durchhaltende Zügelhilfe einsetzen.

3. Warum sollte man auch mal den Rennsitz üben?

Der Rennsitz ist eine Super-Übung für die Verbesserung der Balance. Damit lässt sich sowohl der Dressur- als auch der Springsitz weiter verbessern.

Übungstipp:

Um in den Rennsitz zu kommen, werden die Bügel extrem kurz geschnallt. Weil wohl die wenigsten Reiter in ihrer Stallausrüstung auch einen Rennsattel haben, gilt als Anhaltspunkt für die richtige Länge: Die Knie müssen beim normalen Springsattel deutlich über die Pauschen hinausragen. Der Reiter stellt sich in die Bügel. Dadurch kommt sein Schwerpunkt deutlich höher über den des Pferdes als sonst. Es wird also schwieriger, die Balance zu halten. Der Zügel bildet wie auch im Dressur- und Springsitz eine gerade Linie zwischen Ellenbogen, Reiterhand und Pferdemaul. Eine vom Sitz unabhängige Hand ist besonders wichtig, aber auch eine besonders anspruchsvolle Forderung.

Vollendete Balance im Rennsitz. Dann gelingen auch andere Aufgaben.

Der Rennsitz lässt sich gut an der Longe üben. Wegen der Auswirkung der Fliehkraft stellt dieser Sitz mit den kurzen Bügeln auf gebogener Linie eine noch höhere Anforderung als auf der Geraden dar. Auf der Geraden gilt: Je höher das Tempo, desto einfacher wird die Balance-Übung, die viel zu selten geübt wird. Es bereitet Freude, in diesem so ganz anderen Sitz zu reiten. Warum nicht einmal ausprobieren?!

4. Ich komme beim Absprung meines Pferdes oft vor die Bewegung und dann verweigert mein erfahrener Wallach sehr häufig. Wie kann ich eine bessere Abstimmung üben?

Verschiedene Ausprägungen der Entlastung im leichten Sitz – das Fundament bleibt unverändert.

Generell ist es sicherlich besser, etwas „vor der Bewegung" zu sitzen als dahinter und dem Pferd beim Absprung oder in der Landung in den Rücken zu fallen. In dieser Situation wird das Pferd oft auch mit dem Zügel im Maul behindert. Das ist ein grober Fehler und entmutigt auf die Dauer jedes Pferd. Verweigert das Pferd, weil sein Reiter beim Absprung vor der Bewegung sitzt, zeigt es damit deutlich, dass das Problem schon vor dem bzw. im Absprung bestanden hat und der Reiter sein Pferd nicht wirklich an den treibenden Hilfen hatte. Abhilfe schafft man hier, wenn der Reiter zunächst bei leicht nach vorn geneigtem Oberkörper noch Kontakt zur Sitzfläche des Sattels hält und dann allmählich zum weiter entlastenden Sitz kommt. Je höher das Tempo, desto mehr neigt sich der Reiter nach vorne und entlastet damit den Pferderücken.

Generell gilt: Das Balancieren im Springsitz muss in den verschiedenen Gangarten und Tempi geschult werden – zunächst auf ebenem Hufschlag, d.h. ohne Hindernisse, und später auch über Cavaletti und Sprünge. Oft hilft es, bewusster mit dem Unterschenkel zum Sprung zu treiben und nicht so sehr mit dem ganzen Körper treiben zu wollen. Das bringt mehr Stabilität in die Körperhaltung des Reiters.

→

Übungstipp:

→ *Über kleine Anforderungen mehr Gefühl für den Bewegungsablauf des Pferdes und den richtigen Zeitpunkt für den Absprung entwickeln. Dazu zunächst nur über eine aufgestellte Planke „hinweggaloppieren" – keine Stange verwenden, weil das Pferd ein solches „Hindernis" zu leicht übersieht und sich im Drauftreten verletzen kann. Nach der Planke zu einem Cavalleti übergehen und diesen „Sprung" allmählich in der Höhe verstellen. Dabei aus dem weniger entlastenden Sitz allmählich die Neigung nach vorne verstärken. Diese Übungen sollten im Rahmen einer Gymnastikreihe ausgeführt werden. Hier ist der Einstieg leichter, der sowohl aus dem Trab als auch aus dem Galopp erfolgen kann. Passt der Einsprung richtig, dann gelingen die folgenden Aufgaben meist wie von selbst. Eine vorgelegte Stange erleichtert den Anritt auf Einzelhindernisse zunächst.*

Reiter und Pferd in guter Abstimmung und Balance beim Absprung. Noch besser wäre eine gleichmäßigere Winkelung der Vorhand.

Achtung!

Tempounterschiede reiten, besonders im Galopp, damit das Pferd an den treibenden Hilfen bleibt und der Reiter seine wirkungsvolle Einwirkung behält bzw. entwickeln kann.

5. Mein Pferd rennt hektisch und kopflos auf jeden Sprung zu. Wie erlange ich bessere Kontrolle?

Bessere Kontrolle am Hindernis kann man erst erwarten, wenn die Einwirkung ohne Hindernisse wirklich gegeben ist. Als Einstieg für die Gewöhnung kann man die Dressurarbeit auf den Springplatz verlegen, bis das Pferd sich nicht mehr beim bloßen Anblick der Hindernisse deutlich verspannt. Erst dann werden kleine Hindernisse in die Dressurarbeit eingebaut, immer unter der Überschrift: „Locker und lässig" arbeiten, bis das Pferd sich treiben lässt. In dieser Phase darf nicht an „Springen" gedacht werden, sondern allenfalls an einen großen Galoppsprung mit einem kleinen Hindernis darunter.

Übungstipp:

Mit einem heftigen Pferd immer aus dem Trab beginnen und mit halben Paraden das Tempo gut kontrollieren. Die „kritische Distanz" vor dem Hindernis liegt zwischen zehn und fünfzehn Metern vor der ersten Stange. Sobald das Pferd hier anfängt zu eilen, nicht weiter zum Sprung reiten, sondern stattdessen sofort weich und flach abwenden und auf gebogener Linie mit treibender Einwirkung weitertraben, bis das Pferd wieder sicher an den Hilfen steht. Dann erneut anreiten und gegebenenfalls wieder abwenden, wenn das Pferd das Hindernis zu stark anzieht. Erst wenn die Kontrolle wirklich sicher gegeben ist, geht man von der Trab- zur Galopparbeit über. Auch hier gilt: Sobald der Reiter bei seinem Pferd den Ansatz zum Stürmen spürt, wird wieder abgewendet oder durchpariert. Der Reiter ist auf dem richtigen Weg zum Guten, wenn sich das Pferd vor dem Hindernis dadurch parieren lässt. Dann das Pferd beruhigend klopfen, eventuell rückwärts richten und wieder anreiten. Ziel ist es, mehr Ruhe in die Arbeit zu bringen. Das Traben und Galoppieren über Stangen und Cavaletti auf gebogenen Linien bildet in der Regel die Basis für ruhige Arbeit über Sprünge.

Achtung!

Stürmen zum Hindernis ist ein Zeichen von übermäßigem Ehrgeiz oder Unsicherheit. Beides lässt sich nur mit geduldiger gymnastizierender Arbeit und Ruhe in den Griff bekommen. Dabei muss der Reiter versuchen, seine eigene Ruhe/Sicherheit auf das Pferd zu übertragen. Wird der Reiter selbst unruhig bzw. unsicher, wird sich dies sofort auf das Pferd negativ auswirken. Erneutes Stürmen des Pferdes wird die Reaktion sein.

Hindernisreihen gelingen nur, wenn das Pferd sicher unter der Kontrolle des Reiters ist.

6. Ich habe keine Kontrolle über das Pferd nach dem Sprung und kann es immer nur durch das Reiten von Volten durchparieren. So kann ich natürlich weder einen Parcours reiten noch einen Turnierstart planen. Wie kann ich Abhilfe schaffen?

Das Problem beginnt bereits vor dem Sprung, aber es zeigt sich in diesem Falle erst dahinter. Das Pferd wird wahrscheinlich schon vor dem Sprung eilig. Eine echte Kontrolle ist nicht gegeben. Die Frage lautet: Kommt der Reiter „auf ebenem Hufschlag", also ohne Hindernisse, zum Treiben und hat er sein Pferd wirklich vor sich? Ist das nicht hundertprozentig der Fall, dann setzt nach dem Sprung der Fluchttrieb des Pferdes ein und es stürmt aus Angst davon. Diese Angst lässt sich überwinden, wenn das Pferd über kleine Anforderungen mehr Sicherheit gewinnt. Dabei wird auch der Reiter sicherer. Möglich ist, dass der Reiter durch sein Sitzen über dem Sprung (hinter der Bewegung, Festhalten am Zügel) sein Pferd verunsichert. So bekommt das Pferd zusätzlich Angst und läuft deshalb nach dem Sprung weg. Auch der umgekehrte Fall ist nicht selten, dass der Reiter unnötig viel „Druck macht" und mit seinem Körper oftmals unbewusst zu viel Vorwärtsimpuls am Sprung gibt.

Übungstipp:

Hindernisreihen üben und dabei die Sprungfolge Richtung Ecke oder Bande stellen. Vom Ausgang weg und auf die Bande zu – das sind kleine psychologische und optische Tricks mit „bremsender" Wirkung auf ein heftiges Pferd. Immer aus dem Trab und Einzelhindernisse mit einer Vorlegestange (auf etwa 2,5 Meter Abstand) anreiten. Beim Durchparieren die annehmenden und vor allem nachgebenden Zügelhilfen bei gleichzeitigem dezentem Treiben mit beiden Schenkeln einsetzen. Dabei die Stimme beruhigend zu Hilfe nehmen. Zum Halten parieren, auf möglichst gerader Linie. Das Pferd stehen lassen, klopfen und im Schritt wieder anreiten. Ein Am-Zügel-Gehen bzw. Stehen ist in dieser Phase nicht wichtig, solange die Durchlässigkeit sich nach und nach verbessert.

Achtung!

Niemals in eine Volte abwenden, um das Pferd zwischen den Hindernissen im Parcours durchzuparieren. Wenn die Kontrolle fehlt, wird aus dieser Volte höchstens ein „Herumziehen" mit dem inneren Zügel. Das Pferd wird noch mehr Tempo entwickeln (Verletzungsgefahr!). Damit verstärkt sich die „Kampfsituation" zwischen Reiter und Pferd und die gewünschte Einwirkung geht immer weiter verloren. (Siehe dazu: „Wie reitet man eine ganze Parade" im Kapitel IV „Mehr Einwirkung", Frage 32)

7. Mein Traber, der recht gut in der Dressur geht, packt beim Springen nicht an und verweigert oft auch kleine Hindernisse, obwohl er eigentlich recht gut springt, wenn er es denn mal tut. Wie gebe ich ihm mehr Sicherheit beim Springen?

Obwohl es prominente Gegenbeispiele gibt wie den Franzosen Jappeloup oder Hans Günter Winklers Ausnahmepferd Halla, bleibt doch die Tatsache, dass Traber nicht vornehmlich zum Springen gezüchtet worden sind. Aber kleine Hindernisse können Traber genauso überwinden wie jedes andere Pferd. Bei einem Pferd, das „nicht anpackt", baut man am besten kleine Sprünge in die ganz reguläre Dressurarbeit ein. Wichtig ist, dass man zunächst nur Anforderungen stellt, bei denen es mit Sicherheit keine Probleme gibt, damit aus dem Vorbeilaufen oder Stehenbleiben keine Gewohnheit wird. – Der Einsatz eines Führpferdes kann hier gelegentlich Wunder bewirken. Ziel muss es sein, dem Pferd Vertrauen zu geben. Es muss beim Springen Freude entwickeln. Auf keinen Fall mit groben Hilfen einwirken! Das Pferd darf auf keinen Fall schlechte Erfahrungen sammeln. Der Aufbau einer Vertrauensbasis zwischen Reiter und Pferd ist beim Springen besonders wichtig.

→

Übungstipp:

➜ *Nur das abfragen, was dem Pferd den Eindruck vermittelt „Springen macht Spaß". Dazu gehört deutliches Loben nach jedem gelungenen Sprung mit der Stimme und/oder Klopfen am Hals, Schrittpausen zwischendurch, vielleicht sogar eine Belohnung mit Futter. Ein „Lieblingssprung" steht immer Richtung Ausgang. Ein erfahrener Reiter könnte dem Pferd zunächst Sicherheit geben, bis das Springen zur Selbstverständlichkeit wird.*

Achtung!

Weniger ist mehr. Bei einem springunlustigen Pferd immer mit niedrigeren Anforderungen beginnen und diese erst dann erhöhen bzw. variieren, wenn das Pferd deutlich sicherer springt und vielleicht sogar schon den Eindruck vermittelt, in der Arbeit gelangweilt zu sein.

8. Das Pony von meiner Freundin rennt kopflos an ein Hindernis heran, findet keinen Absprung und hat die ersten Male immer verweigert, wenn keiner mit der Peitsche daneben steht. Weil die beiden auch noch gar keine richtige Erfahrung im Springen haben, habe ich Cavaletti-Arbeit vorgeschlagen. Was sind die richtigen Abstände? Wie kombiniert man solche Übungsreihen? Eventuell auch an der Longe?

Mehr Sicherheit gewinnen an kleinen Sprüngen bzw. über Cavaletti und erst dann die Anforderungen steigern.

Freude an der Arbeit ist der sicherste Weg zum Erfolg. Bei einem Pferd oder Pony die Peitsche einzusetzen, wenn es vor unbekannten Aufgaben Unsicherheit zeigt, ist der größte Frevel, den man in der Ausbildung begehen kann! Dann verwandelt sich Unsicherheit schnell in Angst. Und Angst ist ein schlechter Lehrmeister, für Pferde genauso wie für Menschen. Der erste Tipp deshalb: dressurmäßige Durchlässigkeit verbessern. Um das Springen zu lehren, macht man ein Pferd zunächst mit Cavaletti vertraut. Die haben den Vorteil, dass sich daraus viele unterschiedliche Hindernisse in verschiedenen Höhen zusammenstellen lassen.* Auch eine auf dem Boden stehende Planke ist am Anfang ein gutes „Hindernis".

Cavaletti-Arbeit und Gymnastiksprünge sind ein großes Thema in der richtigen und vielseitigen Ausbildung von Reiter und Pferd. Damit lassen sich eine ganze Reihe von Problemen lösen oder sogar von Anfang an vermeiden.

➜

* *Cavaletti aber wegen der Unfallgefahr niemals aufeinander stellen!*

Übungstipp:

→ *Eine Reihe aus zwei bis vier Stangen oder niedrig gestellten Cavaletti sind der Auftakt, bis allmählich eine Reihe aus Gymnastiksprüngen wird. Diese Reihe lässt man das Pferd zunächst im Schritt überwinden, dann im Trab und erst später mit zunehmendem Zutrauen und Sicherheit auch im Galopp. Wichtig sind dabei die richtigen Abstände, damit das Pferd die Aufgaben auch lösen kann. Für ein Großpferd liegen die Stangen im Schritt ca. 0,80 Meter auseinander, im Trab etwa 1,30 Meter und im Galopp auf ca. 3,00 Meter Abstand. Für ein Pony muss entsprechend der Größe und dem Bewegungsablauf reduziert und variiert werden.*

Achtung!

Springen niemals ohne Ausbilder. Das gilt besonders für das Springen an der Longe, das wir nicht empfehlen können; denn es erfordert viel Erfahrung vom Longenführer bzw. Ausbilder.

9. Mein fünfjähriger Haflinger wird in E-Springen oft nach dem Sprung ziemlich eilig. Ich reite ihn mit englischem Reithalfter und doppelt gebrochenem Gebiss und Martingal. Würde eine andere Zäumung die Kontrolle verbessern helfen?

Ein doppelt gebrochenes Gebiss ist immer pferdefreundlich und in Kombination mit dem Martingal bestimmt eine gute Grundausstattung für ein E-Springen. Ein fünf Jahre altes Pferd ist nach dem Verständnis der klassischen Ausbildung eine „alte Remonte", die noch gar nicht am Ende ihrer Ausbildung stehen soll und kann. Stetes Verbessern der Durchlässigkeit in der Dressur und zunehmende Sicherheit im Springen werden schon bald auch im Springen zu noch mehr Erfolg führen. Eventuell kann man ein Pferd in diesem Alter auch auf eine einfach gebrochene Wassertrense umstellen. Auf keinen Fall sollte eine schärfere Zäumung benutzt werden. Nicht zu häufig springen, ein- bis zweimal in der Woche genügt. Dabei die Anforderungen so wählen, dass das Pferd nicht überfordert wird. Die dressurmäßige Gymnastizierung des Haflingers muss gegenüber dem Springen eindeutig im Vordergrund stehen. Im Training bewusst zwischen den einzelnen Sprüngen aufnehmen oder, wo genügend Platz ist, auch einmal durchparieren. So lernt das Pferd, sich auch zwischen den Sprüngen kontrollieren zu lassen. Dem Reiter wird zudem bewusst, dass Springreiten „Dressurreiten über Sprünge" ist.

Verschiedene Variationen von Springreihen schulen die Koordination von Pferd und Reiter. In-and-Out mit vorgelegter Stange

10. Mein fünf Jahre alter Haflinger-Wallach springt mit leicht unterschiedlichem, aber recht hoch angewinkeltem Vorderbein. Wie kann ich seine Technik verbessern?

Die Springmanier wird sich von ganz allein mit zunehmender Rittigkeit verbessern. Wenn die Harmonie zwischen Pferd und Reiter stimmt, ist die beschriebene Technik mit unterschiedlich angewinkelten Vorderbeinen eine Nebensache. Ein erst fünf Jahre alter Haflinger hat noch genügend Zeit für eine Weiterentwicklung seiner Beintechnik.

Ein guter Reiter bringt ein älteres Pferd mit ungleichem Vorderbein zu Schulungszwecken gelegentlich in einer dichteren Absprungdistanz an den Sprung. Damit wird das Pferd dazu veranlasst, seine Vorderbeine schneller anzuziehen. Aus diesem Reflex erhofft sich der Reiter ein gleichmäßigeres Anwinkeln der Vorderbeine seines Pferdes. Das ist aber nur die Methode erfahrener Reiter im Springsattel, die selbst über ein gutes Distanzgefühl verfügen. Ein weniger erfahrener Reiter hingegen sollte versuchen, über das Springen von Reihen mit eher engen Abständen zu erreichen, dass sich das Pferd mehr zurücknimmt und dadurch veranlasst wird, die Vorderbeine schneller anzuwinkeln.

11. Mein Pferd ist im Parcours nicht gehorsam. Wie kann ich das verbessern?

Parcoursspringen ist Reiten über einzelne Hindernisse, Kombinationen, Sprungfolgen und kontrolliertes Reiten auf gerader Linie und in den Wendungen zwischen den Hindernissen. Aus dieser Aufzählung ergeben sich die Hausaufgaben, die vor einem guten Ritt über einen Parcours erledigt werden müssen. Probleme im Gehorsam sind in der Regel Probleme mit der Grundrittigkeit. Da muss sich der Reiter fragen, wo ist die Hauptschwierigkeit, und daran zunächst in der dressurmäßigen Arbeit ohne Hindernisse ansetzen.

Übungstipp:

Das Pferd sicherer an treibende und verhaltende Hilfen heranbringen. Verbesserung der Rittigkeit durch das Reiten vieler Übergänge. Danach einzelne Elemente des Parcours üben (Einzelsprünge, Kombinationen und Sprungreihen). Je rittiger das Pferd ist, je besser das Vertrauen sich zwischen Reiter und Pferd entwickelt, desto mehr können die Anforderungen gesteigert werden. Das abschließende Parcoursspringen wird dann keine besonderen Probleme mehr verursachen. Aber: Rückschläge einkalkulieren und dann sofort die Anforderungen reduzieren.

12. Mein Pferd bleibt vor unbekannten Hindernissen oft stehen. Was kann man dagegen machen?

Hier kann es sich um ein sehr aufmerksames Pferd handeln. Vorsichtigere Pferde sind oft auf Dauer die besseren Springpferde, auch wenn es zunächst lästig ist, wenn sie ihrer Umgebung zu viel Aufmerksamkeit schenken und sich jedes neue Hindernis genau ansehen wollen.

Übungstipp:

„Guckige" Pferde zunächst in bekannter Umgebung reiten und springen. Stets mit bekannten Hindernissen beginnen. Später so viel wie möglich auf anderen Plätzen arbeiten und ihnen die Hindernisse in vielen verschiedenen Variationen vorstellen. Je mehr diese Pferde erleben, desto mehr Selbstbewusstsein werden sie entwickeln. Über sehr kleine Anforderungen Vertrauen schaffen und die unbekannten Sprünge in Gymnastikreihen einbauen. Vorgelegte Stangen machen es einfacher, in guter Distanz an den Sprung heranzukommen. Beim Üben stets die Motivation des Pferdes im Auge behalten. Müdigkeit vermeiden. Bei unbekannten

Hindernissen den Herdentrieb ausnutzen. Hilfreich ist es, ein sicheres Führpferd vorauszuschicken.

Achtung!

Besser einen Sprung zu wenig als einen zu viel üben. Dazu häufig loben und nur im Ausnahmefall strafen und sich selbstkritisch fragen, ob man als Reiter nicht vielleicht etwas falsch gemacht hat. Wurde aus dem richtigen Tempo angeritten? War es die passende Absprungdistanz? Hat vielleicht der Reiter auch selbst durch seine Art der Einwirkung dem Pferd erst signalisiert, dass da etwas Unbekanntes, Angsteinflößendes vor ihm steht? Guckige Pferde benötigen einen erfahrenen und couragierten Reiter, der zunächst selbst sein Herz über das Hindernis wirft.

Pferd und Reiter harmonisch und konzentriert bei der Arbeit.

13. Ich habe Angst beim Springen. Wie kriege ich mehr Sicherheit?

Mut ist nicht die Abwesenheit, sondern das Überwinden von Angst. Das Wichtigste zum Überwinden der Angst beim Springen ist ein erfahrenes Pferd, das nicht eilt, sondern ruhig zum Sprung galoppiert und seinen Reiter sicher in der Bewegung mitnimmt. Mit dem Vertrauen zum Pferd und zu den eigenen Fähigkeiten wachst auch der Mut des Reiters. →

Übungstipp:

→ *Mit kleinen Anforderungen beginnen. Gymnastiksprünge über kleine Reihen entsprechen der Sitzschulung im dressurmäßigen Reiten an der Longe. Der Reiter kann sich dabei ganz auf seinen Sitz konzentrieren, weil die Regelung von Distanzen ausgeklammert ist. Mit dem steigenden Selbstvertrauen dürfen auch die Hindernisse in der Reihe mitwachsen. Anschließend kann man beginnen, in passender Distanz im Anschluss an die Reihe noch einen Einzelsprung hinzuzufügen. Aus Unsicherheit vor der richtigen Distanz wächst häufig die Angst beim Springen. „Osterhasensprünge" oder Riesensätze sind schwer auszusitzen und können zum Sturz führen. Deshalb muss alles daran gesetzt werden, das „gute Gefühl" zu erhalten. Das gelingt am besten, wenn man den Aufbau der Sprünge und deren Anordnung so vereinfacht, dass unpassendes Anreiten so weit wie möglich ausgeschlossen wird.*

Achtung!

Nicht hoch, aber dafür häufig springen. Regelmäßiges Üben macht die Abläufe selbstverständlicher.

Positives Denken ist beim Umgang mit dem Pferd und beim Reiten selbst besonders wichtig. Pferde haben eine sehr feine Antenne für das mentale Befinden von Menschen. Glaubt der Reiter selbst nicht an das Gelingen einer Übung, kann er nicht erwarten, dass es das Pferd tut.

14. Ich habe ein „Auge wie ein Maulwurf". Wie kann ich üben, Distanzen besser einzuschätzen?

Bei passendem Anritt präsentiert sich jedes Hindernis nur als verlängerter Galoppsprung. Entscheidend dafür ist der richtige Rhythmus, das richtige Grundtempo, das für jedes Pferd individuell verschieden ist. Aus dem richtigen Grundtempo fällt es dem Pferd leichter, einen passenden Absprung zu finden, auch wenn es zu weit oder zu nah an das Hindernis herangebracht wird.

Das „Auge" hat in der Springausbildung auf unterem Niveau keine besondere Bedeutung. Viel wichtiger ist stattdessen die Wahl des richtigen Grundtempos vor und nach den Sprüngen.

Um ein Gefühl für das richtige Tempo und Distanzen zu entwickeln, bieten sich kleinere Gymnastikreihen an. Ein sicher und routiniert springendes Pferd hilft dem Reiter, die richtige Absprungdistanz zu finden. Ein erfahrener Ausbilder muss diese Lernphase konsequent begleiten.

Übungstipp:

Viel im leichten Sitz galoppieren, um das richtige Tempogefühl für das Springen zu entwickeln. Kleine einladende Hindernisse aufbauen, bei denen die Sprungkurve durch optische Hilfsmittel vorgegeben ist. Das erreicht man am Steilsprung durch eine Vorlegestange, am Oxer durch eine leicht erhöhte hintere Stange.

Man könnte einen ganzen Parcours nur durch Stangen oder Planken am Boden auslegen, um geregeltes Darübergaloppieren im leichten Sitz zu üben. Cavaletti oder Planken lassen sich auch in die tägliche dressurmäßige Arbeit einbauen. Ziel ist das flüssige Darübergaloppieren.

Achtung!

Der Reiter darf bei den Sprüngen nicht auf die Absprungstange sehen, um das Hindernis richtig zu treffen. Stets den Blick auf die oberste Stange des Hindernisses richten, das überwunden werden soll. Dabei den Sprung auf sich zukommen lassen und nicht das Hindernis durch übermäßig aktives Treiben „attackieren".

15. Wie bekomme ich mehr Gefühl für das richtige Tempo?

Jedes Pferd hat ein ganz spezifisches Grundtempo in den drei Grundgangarten. Das Tempo lässt sich nicht an einem Tachometer ablesen oder über Tempomat einstellen, sondern tatsächlich vom Reiter nur erfühlen. Anhaltspunkte sind ein ruhiger gleichmäßiger Atemrhythmus beim Pferd, sein zufriedener Gesichtsausdruck, die ruhige Schweifhaltung. Das Pferd muss an den treibenden Hilfen sein. Es darf dabei nicht wegeilen, aber auch nicht triebig und „pomadig" sein. Pferde, die zu schnell geritten oder „überritten" werden, halten sich fest, machen kleinere Schritte, Tritte oder Galoppsprünge. Pferde, die sehr gehfreudig sind und „unter ihrem Tempo" bleiben sollen (und deshalb oftmals unbewusst vom Reiter am Zügel festgehalten werden), fangen an zu pullen, legen sich auf das Gebiss oder kämpfen gar gegen ihren Reiter. Das Gefühl für das richtige Grundtempo entwickelt sich durch ein „Hineinhorchen" in das Pferd im leichten Sitz. In dieser Phase ist ein Ausbilder sehr wichtig. Das Erfühlen des richtigen Tempos ist eine der wichtigen Schlüsselqualifikationen, die ein Reiter erlernen muss.

→

Im leichten Sitz Gefühl für das angemessene Tempo entwickeln.

Übungstipp:

Im leichten Sitz Tempounterschiede erarbeiten zwischen Arbeits-, Mittel- und starkem Galopp. Der Betrachter am Boden muss klar die Unterschiede erkennen können. Das Pferd soll freudig nach vorn galoppieren, ohne wegzueilen. Die Galoppsprünge müssen sich nach Belieben vergrößern und verkleinern lassen. Die Unterschiede vermitteln auf Dauer das Gefühl für das jeweils „richtige" Tempo in jeder Gangart und jedem Gangmaß – also z.B. im Arbeits-, Mittel- und starken Galopp. Für den lernenden Reiter ist es ein Vorteil, in dieser Ausbildungsphase möglichst viele verschiedene Pferde unter Anleitung zu reiten. Das schult das reiterliche Gefühl für das richtige Tempo am besten.

Achtung!

Das zufriedene Pferd ist der beste Spiegel für das richtig gewählte Tempo. Ein zufriedenes Pferd ist weder eilig noch triebig. Es bietet dem Reiter ein Höchstmaß an Reitkomfort. Das Springen fällt ihm leicht.

16. Wie schaffe ich es, die Galoppsprünge so zu beeinflussen, dass ich wirklich passend „auf Distanz“ reite?

Das Grundtempo muss stimmen und das Pferd muss vor dem Sprung unter der Kontrolle des Reiters sein. Das „In-die-richtige-Distanz-Reiten“ beginnt schon weit vor dem Hindernis. Auf den letzten drei oder vier Galoppsprüngen zum Hindernis ist es für Korrekturen meist schon zu spät. Sie wären auch oft gar nicht nötig, wenn der Reiter seinem Pferd eine faire Chance gibt, selbst mit zu taxieren. Man kann Pferde zum Mitdenken erziehen und dazu, sich selbst um einen passenden Absprung zu bemühen. Aber das geht nur aus einem richtig gewählten Grundtempo heraus. Generell gilt: Vor dem Sprung – etwa fünf bis sechs Galoppsprünge vorher – den leichten Sitz mit mehr Belastung reiten, also das Gesäß mehr an den Sattel bringen. Das Tempo und der Rythmus des Galopps dürfen dabei nicht verändert werden. Das „In-die-richtige-Distanz-Reiten“ ist im Regelfall in etwas frischerem Grundtempo einfacher als im zu ruhigen Tempo. Voraussetzung ist ein Pferd, das gelernt hat, ruhig und gleichmäßig zum Sprung zu galoppieren. Ein so geschultes Pferd ist der beste Lehrmeister für den lernenden Reiter.

Übungstipp:

Freundliche Sprünge aufbauen mit optischen Hilfsmitteln zur Absprungerleichterung. Bewusst die Galoppsprünge bis zum Absprung mitzählen, um dadurch ein besseres Gefühl für die Absprungdistanz und für die Anzahl der Galoppsprünge vor dem Hindernis zu entwickeln. Dafür ist es erforderlich, dass der Reiter das Hindernis mit seinen Augen früh fixiert. (Auf diese Weise schult er sein Distanzgefühl.) Das Auslegen von Planken vor dem Hindernis im Abstand der Galoppsprünge hat sich in der Springausbildung von fortgeschrittenen Reitern bewährt. Diese Übung schult das Distanzgefühl ebenso wie das Überwinden einladend aufgebauter Gymnastikreihen.

17. Mein Pferd geht recht gut in Dressur und Springen und ich will mit der Stute auf Vielseitigkeit hinarbeiten. Wie finde ich den Einstieg in das Springen von Geländehindernissen?

Es gilt der Grundsatz wie bei jeder anderen Aufgabenstellung auch: Vom Leichten zum Schweren vorgehen. Also mit kleinen Anforderungen beginnen und alles unterlassen, was das Vertrauen des Pferdes schädigen →

kann. Ungeachtet der vielen verschiedenen Formen der Hindernisse gibt es im Gelände nur höchstens drei wirklich unterschiedliche Arten: Sprünge auf der Ebene und Sprünge, bei denen Absprung- und Landestelle nicht auf gleichem Niveau liegen, sowie Wasserhindernisse bzw. Gräben in den verschiedensten Variationen. Die notwendigen unterschiedlichen Techniken zum Überwinden der verschiedenen Geländehindernisse lassen sich mit Hilfe so genannter methodischer Übungsreihen erarbeiten, damit Reiter und Pferd den Aufgaben langfristig gewachsen sind. Ein Ausbilder ist hier unentbehrlich.

Übungstipp:

Zunächst häufig im Gelände reiten. Das Pferd mit seinem neuen Umfeld vertraut machen. Viele verschiedene Plätze besuchen. Ideal sind z.B. Übungsparks mit Geländehindernissen verschiedenster Höhen und Anforderungen. Die reine Technik lässt sich, wie beim Springen über bunte Hindernisse, auch über niedrige Höhen erlernen. Aber auch bei kleinen Sprüngen ist darauf zu achten, dass das Pferd sich auf das Springen konzentriert und über die Hindernisse wirklich springt. Selbst wenn man kleine Hindernisse zunächst im Trab anreitet, muss das Pferd reell abspringen und darf nicht, wie bei einem Trab-Cavaletti, über das Hindernis traben. Wichtiger als das Überwinden der Sprünge ist zunächst das kontrollierte Galoppieren im leichten Sitz. Reiter und Pferd müssen ihr gemeinsames Gleichgewicht finden, das Pferd muss gerade in die Hand des Reiters hineingaloppieren, also „ziehen". Das setzt beim Reiter einen entsprechend sicheren leichten Sitz mit guter treibender Einwirkung voraus. Gräben und Wasserhindernisse übt man zunächst mit Hilfe eines sicheren Führpferdes. Dabei macht man sich den Herdentrieb des eigenen Pferdes zu Nutze.

Zu zweit geht alles besser. Ein Führpferd vermittelt Sicherheit bei den ersten Sprüngen im Gelände. Noch einfacher wird die Aufgabe für das junge Pferd mit Fängen an den Hindernissen.

So lassen sich in dieser Ausbildungsphase in kurzer Zeit oft gute Fortschritte erzielen. Dennoch sollten die Anforderungen nur ganz allmählich gesteigert werden. Bei jeder Trainingseinheit sollte man sich nur einzelne neue geländetypische Anforderungen vornehmen. Also: Nicht zu viel auf einmal fordern. Das Pferd muss auch mental die neuen Aufgaben verarbeiten. Rückschläge sollten möglichst vermieden werden. Stellen sie sich dennoch ein: Anforderungen drastisch zurückschrauben und auf keinen Fall Gewalt anwenden.

Wächst das Vertrauen beim Pferd, wächst gleichzeitig sein Selbstbewusstsein. Dann ist das Pferd auch bereit und in der Lage, in unterschiedlichem Gelände unterschiedlichste Arten von Hindernissen anzugehen und problemlos zu überwinden.

Achtung!

Geländetraining immer mit Kappe, Sicherheitsweste, mit Partner und voller Konzentration durchführen. Das Pferd muss die Aufgabenstellung klar erkennen können, also keine zugewachsenen Hindernisse anreiten oder Gräben, die zu flach und bei denen Absprung- und Landestelle nicht klar erkennbar sind. Jeden Sprung gut vorbereitet anreiten. Die eigene Konzentration sollte sich dabei auch auf die des Pferdes übertragen.

18. Wie kann ich Geländehindernisse simulieren?

Die immer beliebteren Geländeprüfungen in der Halle zeigen, dass mit einigen mobilen Hindernissen und Phantasie vieles möglich ist, um attraktive Anforderungen zu stellen. Es werden Techniken von Pferd und Reiter abgefragt, die beim Überwinden von Hindernissen im Gelände wichtig sind. Auch im Gelände oder auf dem offenen Reitplatz lassen sich mit einigen wenigen mobilen Teilen – auch auf kleinem Raum – viele variantenreiche Aufgaben darstellen. Zum Beispiel, indem man das mobile Hindernis in einer Trainingseinheit vor einen Wall stellt und ein anderes Mal dahinter. Variationen sind bei der Ausbildung für das Springen von Geländehindernissen in besonderer Weise wichtig. Eintönigkeit stumpft ab.

Pferd und Reiter konzentrieren sich nicht genug. Dies kann zu gravierenden Gefährdungen von Reiter und Pferd führen. Dies gilt besonders, weil im Gelände feste Hindernisse überwunden werden, bei denen Stürze – auch bei noch so vielen Vorsichtsmaßnahmen – nicht auszuschließen sind.

Übungstipp:

➜ *In der Reithalle oder auf einem kleinen Außenreitplatz lassen sich Sprungelemente, wie z.B. ein Winkelsprung („Ecke") mit Parcourstangen bauen. Ebenso ist es einfach, Sprünge auf ungewöhnlichen Linien, S-Linien auf der Mittellinie oder verschiedene Sprünge versetzt auf gerader Linie zu bauen. Der Phantasie sind da kaum Grenzen gesetzt. Gräben können entweder mit einer Folie oder mit Hilfe einer ganz flachen Grabung mit der Schaufel angedeutet werden. Nach Einrahmung der Bodenveränderung durch Stangen oder Planken hat man schon einen Grabeneffekt. Solche Trainingseinheiten sind eine gute Möglichkeit, die Winterarbeit „aufzupeppen". Am besten findet man sich mit Gleichgesinnten zu einem Übungsteam zusammen. So macht schon die Vorbereitung Spaß. Oft wundert man sich dabei über die eigene Kreativität und die der Mitreiter. Wird alles sachgemäß durchgeführt, werden es die Pferde den Reitern mit Leistungsbereitschaft und Springfreude danken!*

Mit mobilen Geländehindernissen lassen sich auf dem Reitplatz verschiedene Situationen simulieren.

Winkelsprung („Ecke")

Literaturempfehlungen

zum Weiterlesen

Michael Putz
Reiten mit Verstand und Gefühl
Praxisbezogene Ausbildung für Reiter und Pferd
256 Seiten, 120 farbige Fotos und 60 Grafiken
ISBN 3-88542-358-8

Karin Lührs-Kunert
111 Lösungswege für das Reiten
Methodische Übungsreihen für Reiter und Ausbilder in der dressurmäßigen Grundausbildung
152 Seiten, Zeichnungen und viele farbige Fotos
ISBN 3-88542-394-4

Susanne von Dietze
Balance in der Bewegung
Der Sitz des Reiters
224 Seiten, über 200 farbige Fotos und 100 Zeichnungen
ISBN 3-88542-387-1

(auch als Video und in englischer Sprache lieferbar)

Literaturempfehlungen

Deutsche Reiterliche Vereinigung
Die Deutsche Reitlehre – Der Reiter
176 Seiten, über 200 farbige Fotos und Zeichnungen
ISBN 3-88542-334-0

Deutsche Reiterliche Vereinigung
Die Deutsche Reitlehre – Das Pferd
Entwicklungsgeschichte – Haltung – Ausbildung
160 Seiten, über 200 farbige Fotos und Zeichnungen
ISBN 3-88542-335-9

Isabelle von Neumann-Cosel
Reiten kann man tatsächlich lernen
Für alle Lernwillige und Zweifler, Einsteiger und Wieder-Einsteiger in den Reitsport.
192 Seiten, farbige Illustrationen und Fotos
ISBN 3-88542-393-6

Dr. Petra Hölzel
Mit dem Pferdesport aktiv bleiben
Mehr Lebensfreude durch Umgang mit Pferden
200 Seiten, viele Illustrationen und farbige Fotos
ISBN 3-88542-321-9

Gine Willrich
Angstfrei Reiten
Ein Ratgeber und Arbeitsbuch
136 Seiten, viele farbige Fotos
ISBN 3-88542-398-7

Beverley und Robert Schinke
Erfolgreicher reiten mit mentalem Training
Praktische Anleitungen, Konzentrationsübungen, Entwicklung mentaler Fähigkeiten
128 Seiten, viele farbige Fotos und Zeichnungen
ISBN 3-88542-339-1

Ariane Pourtavaf;
Herbert Meyer
Die Brücke zwischen Mensch und Pferd
Verständigung – Auseiandersetzung Zusammenarbeit
160 Seiten, über 280 farbige Fotos
ISBN 3-88542-330-8

Deutsche Reiterliche Vereinigung
Richtlinien für Reiten und Fahren Band 1 Grundausbildung für Reiter und Pferd
224 Seiten, zahlreiche Abbildungen
ISBN 3-88542-262-X

Deutsche Reiterliche Vereinigung
Richtlinien für Reiten und Fahren Band 2 Ausbildung für Fortgeschrittene
280 Seiten, zahlreiche Abbildungen
ISBN 3-88542-283-2

Deutsche Reiterliche Vereinigung
Richtlinien für Reiten und Fahren Band 6 Longieren
120 Seiten, zahlreiche Abbildungen
ISBN 3-88542-326-X

Deutsche Reiterliche Vereinigung e.V. (FN)
Lehrfilmreihe der FN

Teil 1: Ausbildung des Reiters:
Der Sitz des Reiters,
ca. 33 Min. VHS-System

Teil 2: Ausbildung des Reiters:
Der Weg zum richtigen Sitz,
ca. 28 Min. VHS-System

Teil 3: Grundausbildung Pferd und Reiter:
Dressur – Die Skala der Ausbildung,
ca. 26 Min. VHS-System

Teil 4: Ausbildung des Reiters:
Springreiten für Einsteiger,
ca. 20 Min. VHS-System

Teil 5: Ausbildung des Reiters:
Geländereiten für Einsteiger,
ca. 29 Min. VHS-System

Teil 6: Ausbildung des Reiters:
Springreiten für Fortgeschrittene,
ca. 30 Min. VHS-System

Teil 7: Grundausbildung des Pferdes:
Gewöhnung und Anreiten,
ca. 43 Min. VHS-System oder DVD

Teil 8: Ausbildung des Reiters:
Dressurreiten für Fortgeschrittene Klasse A und L, ca. 45 Min.
VHS-System oder DVD

Teil 9: Ausbildung des Pferdes:
Dressur – Niveau Klasse A und L,
ca. 49 Min. VHS-System oder DVD

Deutsche Reiterliche Vereinigung
Besser Reiten
mit Christph Hess,
ca. 40 Min.,
VHS-System o. DVD

Deutsche Reiterliche Vereinigung
Faszination Geländereiten
Erfolge durch vielseitige Ausbildung,
ca. 45 Min., VHS-System

Zu beziehen über den Buch- und Reitsportfachhandel oder direkt beim:

FN*verlag* der Deutschen Reiterlichen Vereinigung GmbH
Freiherr-von-Langen-Str. 13
48231 Warendorf
Tel.: (0 25 81) 63 62 154/-254
Fax: (0 25 81) 63 62 212
E-Mail: vertrieb-fnverlag@fn-dokr.de

Bitte fordern Sie unseren kostenlosen Gesamtkatalog an!
Online-Shopping: www.fnverlag.de

DANKE an

Christine Meyer zu Hartum,
Mitarbeiterin der Fachzeitschrift St. GEORG,

Michael Putz,
ehemals Leiter der westfälischen Reit- und Fahrschule Münster (1986–2000) und Mitglied des Autorenteams der „Richtlinien für Reiten und Fahren",

Thies Kaspareit,
Leiter der Deutschen Akademie des Pferdes der **FN**, *Warendorf,*

Waltraud Weingarten,
Mitarbeiterin der **FN***-Abteilung Ausbildung, Warendorf,*

Beate Kreienbaum, Mitarbeiterin des **FN***verlages Warendorf,*

Dr. Carla Mattis,
Mitarbeiterin des **FN***verlages Warendorf,*

für ihre Mithilfe an diesem Buch.

Ein ganz besonderer Dank gilt auch den Fotografen Thoms Lehmann, Peter Prohn, Julia Rau und Jacques Toffi für die Kameraführung zur Illustration der Fragen und Probleme auf dem Weg zum besseren Reiten. Auch der Zeichenstift von Cornelia Koller war eine wertvolle Hilfe.

Bildnachweis

- Heidrun Monkenbusch, Rheda-Wiedenbrück: Titelfoto oben und Seite 6
- Peter Prohn, Barmstedt: Titelfoto unten und Seiten: 17, 33, 47, 53, 83, 85, 87, 92, 97, 102;
  Seiten 25 (3), 32, 39, 54, 59, 68, 71, 78, 91 entnommen aus „111 Lösungswege für das Reiten", Karin Lührs-Kunert, FNverlag Warendorf 2003;
  Seiten 26, 30, 34, 62, 64, 86, 105, 107 (2), 112 entnommen aus „Reiten mit Verstand und Gefühl", Michael Putz, FNverlag Warendorf 2004;
  Seiten 61, 84 entnommen aus „Angstfrei Reiten", Gine Willrich, FNverlag Warendorf 2004
- Thoms Lehmann, Warendorf: S. 139;
  Seiten 19, 22, 27, 35, 37, 42 re., 43, 46 (2), 117, 120 entnommen aus „Balance in der Bewegung", Susanne v. Dietze, FNverlag Warendorf 2003;
  Seiten 42 o. (3), 80, 94, 122, 127, 134 entnommen aus „Die Deutsche Reitlehre – Der Reiter", Deutsche Reiterliche Vereinigung (Hrsg.), FNverlag Warendorf 2000;
  Seiten 75, 89, 100, 116, 124, 129, 136 entnommen aus „Die Deutsche Reitlehre – Das Pferd", Deutsche Reiterliche Vereinigung (Hrsg.), FNverlag Warendorf 2001
- Jean Christen, Mannheim: Seite 28 (2) entnommen aus „Reiten kann man tatsächlich lernen", Isabelle v. Neumann-Cosel, Fnverlag Warendorf 2003
- Julia Rau, Mainz-Hechtsheim: Seiten 5, 9, 11 li., 114, 131
- Jaques Toffi, Hamburg: Seiten 48, 96, 109
- Norbert Schamper, Telgte: Seite 119, 138 entnommen aus „Die Deutsche Reitlehre – Der Reiter", Deutsche Reiterliche Vereinigung (Hrsg.), FNverlag Warendorf 2000
- C.T. Nebe, Ladenburg: Seite 52 entnommen aus „Draußen ist Reiten am schönsten", Isabelle v. Neumann-Cosel/ Jeanne Kloepfer, FNverlag Warendorf 2000
- Jürgen Stroscher, Asendorf: Seite 4
- Heidi Bernsdorff, Bliedersdorf: Seite 11 re.
- Richard Hinrichs privat: Seite 12 li.,
- Adi Grossmann: Seite 13
- Peter Kreinberg privat: Seite 12 re.
- Hans Günter Winkler privat: Seite 15

Zeichnungen

- Hippographie Cornelia Koller, Schierhorn: Seiten 41, 44, 67, 69, 73, 81, 90, 99, 103, 126
- Seiten 20 (2), 24, 35 (2), 51, 121 entnommen aus „Richtlinien für Reiten und Fahren Band 1: Grundausbildung für Reiter und Pferd", Deutsche Reiterliche Vereinigung (Hrsg.), FNverlag Warendorf 2005
- Seite 138 entnommen aus „Richtlinien für Reiten und Fahren Band 2: Ausbildung für Fortgeschrittene", Deutsche Reiterliche Vereinigung (Hrsg.), FNverlag Warendorf 2001
- media team, Jürgen Becker, Duisburg: Seite 8 entnommen aus „Folienmappe Lehren und Lernen rund ums Pferd – Basismappe", Deutsche Reiterliche Vereinigung (Hrsg.) 2005
- Seite 56 (2) modifiziert nach der FN Lehr-/Pferdetafel „Auge und Sehvermögen", Prof. Dr. Bodo Hertsch, FNverlag Warendorf 1990

Stichwortverzeichnis

(Zahlen = Seiten)